KB197417

비상계엄

비상계엄

계엄의 의미를 다시 묻다

펴 낸 곳 투나미스
발 행 인 유지훈
지 은 이 ChatGPT 4.0
프로듀서 류효재 변지원
기 획 이연승 최지은
마 케 팅 전희정 배윤주 고은경
초판발행 2024년 12월 31일
초판인쇄 2024년 12월 15일
주소 수원시 권선구 금곡로196번길 62, 제이에스타워 305호 조인비즈 6호
대표전화 010-4161-8077 | 팩스 031-624-9588
이 메 일 ouilove2@hanmail.net
홈페이지 www.tunamis.co.kr
I S B N 979-11-94005-22-3 (03360) (종이책)
I S B N 979-11-94005-23-0 (05360) (전자책)

비상계엄

계엄의 의미를 다시 묻다

챗GPT 4.0 지음 | 유지훈 옮김

비상계엄 타임라인

- 1948 이승만 — 여수·순천 사건, 제주 4·3사건
- 1950 이승만 — 6·25 전쟁
- 1951 이승만 — 전쟁 공비 토벌
- 1952 이승만 — 부산 정치 파동
- 1960 이승만 — 4·19 혁명
- 1961 박정희 — 5·16 군사혁명
- 1964 박정희 — 한일회담 반대 시위
- 1972 박정희 — 10월 유신체제
- 1979 박정희 — 부산·마산 사태
- 1979 최규하 — 박정희 대통령 암살
- 1980 전두환 — 민주화 운동
- 2024 윤석열 — 종북 반국가세력 척결

비상계엄, 선택의 기로에 선 국가

위기 상황은 언제나 국가를 시험에 들게 한다. 천재지변이나 전쟁 혹은 내란과 같은 비상 상황에서 국가의 대응은 단순히 국민의 생명과 재산을 보호하는 것을 넘어, 그 국가의 정체성과 가치를 시험대에 올려놓는다. 그 순간 국가는 민주주의와 공공질서라는 두 축 사이에서 어려운 선택을 해야 한다.

비상계엄은 바로 이러한 선택의 결과로 등장하는 극단적인 조치로 봄직하다. 평소에는 상상도 할 수 없는 강력한 권한이 발동되고, 일상의 자유는 제한된다. 이를 통해 국가는 위기를 극복하려 하지만 동시에 그 과정에서 민주주의와 법치주의가 흔들리는 또 하나의 위험에 직면한다. 이 딜레마는 비상계엄을 단순한 제도가 아닌 철학적, 역사적, 그리고 실질적 논의의 중심에 놓이게 만든다.

이 책은 비상계엄의 개념과 역사적 맥락에서 출발하여, 현대 사회에서 비상계엄이 어떤 역할을 할 수 있는지에 대해 생각할 거리를 준다. 아울러 한국 현대사에서 비상계엄이 남긴 흔적과 교훈을 돌아보며 이를 바탕으로 국가가 위기 상황에서 어떤 선택을 해야 하는지도 성찰한다.

특히, 비상계엄이 경제와 법치, 그리고 국민의 신뢰에 미치는 영향을 무엇이며, 위기 대응과 민주적 가치를 동시에 지키기 위한 조건을 모색하는가 하면, 글로벌 사례를 통해 다른 나라들이 비상계엄을 어떻게 활용하거나 남용했는지를 살펴보며 한국이 나아가야 할 방향을 제시한다.

비상계엄은 단순히 과거의 제도적 유물이 아니다. 오늘날 점점 복잡해지고 예측하기 어려운 위협 속에서, 우리는 비상계엄의 필요성과 한계를 다시 고민해야 한다. 필자는 그런 고민의 출발점이자 국가와 국민이 함께 고민해야 할 새로운 질문을 던지며 책을 구성해 나갔다.

비상계엄, 그것은 단순한 권력이 아니라, 우리가 지키고자 하는 민주주의의 마지막 보루이자 방패여야 할 것이다. 그 방패는 어떻게 써야 할지 고민하는 모든 분들에게 이 책을 바친다.

발행인 유지훈

contents

contents

Chapter 01

왜 비상계엄인가?

Why Emergency Martial Law?

비상계엄이란 무엇인가?

비상계엄은 국가의 존립과 국민의 생명을 심각하게 위협하는 비상사태에서 공공질서를 유지하고 체제를 보호하기 위해 정부가 발동하는 특별조치이다. 이는 헌법에 근거한 합법적 권한으로, 전쟁, 내란, 대규모 재난 같은 상황에서 필요한 긴급 대응 수단이다.

비상계엄은 단순한 억압의 도구가 아니라, 자유민주주의 체제를 지키기 위한 최후의 안전장치로 봄직하다. 개인의 자유는 안정된 사회와 국가 안보라는 기반 위에서만 실현될 수 있기 때문이다. 그런 의미에서 비상계엄은 그러한 기반이 심각하게 흔들릴 때, 체제를 복원하고 보호하는 역할을 한다.

비상계엄은 헌법 제77조에 의해 규정된 대통령의 권한으로, 민주주의 체제 안에서 법적으로 제한된 범위 내에서 사용된다. 즉, 무법적 통치가 아니라, 헌법적 질서를 복구하고 유지하기 위한 도구인 셈이다.

비상계엄은 극단적인 상황에서만 발동되며, 발동 이후 국회와 국민의 감독을 받는다. 따라서 이는 영구적 통치 수단이 아닌, 질서 회복을 위한 임시적 장치인 것이다.

비상계엄의 개념과 정의

비상계엄은 국가가 심각한 위기에 직면했을 때, 이를 극복하고 국민과 국가의 안보를 지키기 위해 발동하는 특별한 조치다. 비상계엄은 단순히 정부의 권한을 강화하기 위한 수단이 아니라, 자유민주주의와 공공질서를 보호하기 위해 반드시 필요한 도구로 여겨진다.

비상계엄은 헌법에 근거한 합법적인 조치다. 대한민국 헌법 제77조에 따르면, 대통령은 전쟁, 내란, 사변 등 국가의 존립을 위협하는 비상사태에서 계엄을 선포할 수 있다. 계엄에는 경비계엄과 비상계엄, 두 가지 종류가 있다. 경비계엄은 내란이나 폭동 같은 사태에서 공공질서를 유지하기 위한 최소한의 조치이며, 비상계엄은 전쟁이나 국가 전체가 흔들릴 정도의 극단적 위기 상황에서 발동되는 강력한 조치다.

비상계엄이 선포되면, 군이 민간 행정을 지원하거나 일부를 대신할 수 있다. 예를 들어, 치안을 유지하거나 특정 지역의 통행을 제한하는 등의 조치를 취할 수 있다. 그러나 이러한 모든 조치는 헌법과 법률이 허용하는 범위 내에서 이루어져야 할 것이다. 우리는 비상계엄이 헌법에 따라 합법적으로 발동되고, 목적이 명확하며, 국가 안보와 공공질서를 유지하기 위한 대의명분을 갖출 때만 정당성을 가진다고 본다.

비상계엄은 국민의 자유를 억압하기 위한 수단이 아니다. 비상계엄의 목적은 국민의 생명과 재산, 그리고 자유를 위협하는 위기 상황을 통제하기 위함이다. 자유를 지키기 위해서는 질서가 필요하며, 질서를 유지하기 위해 때로는 강력한 조치가 요구된다. 보수 우파는 비상계엄이 단기적으로는 기본권을 제한할 수 있지만, 장기적으로는 자유와 민주주의를 보호하기 위한 필수적인 수단이라고 평가한다.

비상계엄의 핵심은 신중함이다. 비상계엄은 언제 어디서나 발동할 수 있는 권한이 아니라, 국가와 국민의 생존이 심각하게 위협받는 위기 상황에서만 사용되어야 한다. 발동만큼이나 종료도 중요하다. 위기가 해소되면 즉시 해제되어야 하며, 집행 과정에서 발생한 문제는 철저히 조사하고 책임을 물어야 한다. 이를 통해 국민의 신뢰를 유지하고 비상계엄의 정당성을 지켜야 한다.

비상계엄은 자유민주주의 체제를 보호하기 위한 최후의 안전장치다. 우리는 비상계엄이 남용되지 않도록 신중히 사용되어야 한다고 강조하면서도, 진정 필요한 상황에서는 그 역할을 충실히 수행해야 한다고 믿는다. 국민의 생명과 국가 안보를 위해 비상계엄은 헌법에 보장된 합법적이고 강력한 도구로 자리 잡아야 한다.

비상계엄이 실행되는 방식

계엄령은 어떻게 선포될까?

대한민국 헌법과 계엄법은 계엄령의 발동과 집행 절차를 명확히 규정하고 있다.

계엄령 선포의 첫 단계는 위기의 심각성을 판단하는 것이다. 계엄령은 내란, 전쟁, 대규모 폭동, 외부의 침략 등 국가 안보와 공공질서를 심각하게 위협하는 상황에서만 발동된다. 대통령은 이러한 위기의 본질과 영향을 평가하며, 계엄령 발동이 불가피한지 여부를 판단한다. 이는 단순한 행정적 결정이 아니라 국가적 차원의 전략적 판단으로, 국민의 안전과 체제의 안정성을 최우선으로 고려한다.

계엄령 선포는 대통령의 권한이다. 대한민국 헌법 제77조에 따라, 대통령은 전시, 사변 또는 이에 준하는 비상사태에서 계엄령을 선포할 수 있다. 선포 이후 대통령은 즉시 국회에 보고해야 하며, 국회는 계엄령의 해제나 지속 여부를 심의할 권한을 가진다. 보수 우파는 이 절차가 계엄령의 정당성과 민주적 견제를 보장한다고 평가한다. 대통령의 고유 권한이지만, 의회와 국민의 감독 아래 이루어지기 때문에 계엄령이 정권 유지를 위한 독단적 도구로 남용되지 않도록 설계되어 있다.

계엄령은 그 성격에 따라 두 가지로 구분된다. 경비계엄은 공공질서를 유지하기 위한 최소한의 조치로, 내란, 폭동, 대규모 시위 같은 상황에서 발동된다. 이 경우 군은 경찰력을 보조하며, 행정과 사법 기능은 그대로 유지된다. 반면, 비상계엄은 전쟁, 외침, 국가 전역에 걸친 혼란 같은 극단적 위기에서 발동된다. 이 경우 군은 행정과 사법권까지 장악하며, 국민의 기본권(언론, 집회, 이동의 자유 등)이 대폭 제한될 수 있다.

계엄령이 선포되면, 계엄사령부가 설치되어 계엄 지역의 통제와 관리를 책임진다. 계엄사령부는 계엄사령관의 지휘 아래 군사적 질서 유지, 주요 시설 보호, 치안 유지 등의 임무를 수행한다. 특히 언론 통제, 집회 금지, 통행 제한 같은 조치가 시행될 수 있다. 계엄사령관은 대통령의 지시를 받아 계엄을 실행하며, 계엄의 목적과 범위는 철저히 법과 명령에 따라 제한된다. 계엄사령부는 체계적이고 신속한 위기 대응을 가능하게 하는 조직으로, 계엄의 실효성을 높이는 데 핵심적 역할을 한다.

계엄령 선포 이후에도, 국회와 사법부는 계엄령의 집행 과정을 지속적으로 감시할 권한을 가진다. 계엄령이 국민의 기본권을 제한하기 때문에 이는 법적·민주적 견제 장치를 강화하는 데 필수적이다. 국회는 계엄령이 남용되지 않도록 지속적으로 감독하며, 필요시 계엄령의 해제를 요구할 수 있다.

계엄령 해제

계엄령 해제는 대한민국 헌법과 계엄법에 의해 규정된 절차에 따라 이루어진다. 계엄령은 국민의 기본권을 제한하고 군사적 통제가 강화되는 특별한 상황에서 발동되기 때문에, 그 해제는 법적, 정치적 절차를 통해 이루어지며, 이는 국회의 역할과 대통령의 권한이 긴밀히 연관된다.

계엄령 해제를 요구·시행하는 절차는 다음과 같다.

1. 대통령의 계엄령 해제 권한

계엄령은 헌법 제77조에 따라 대통령이 선포하며, 그 해제 역시 대통령의 권한으로 이루어진다. 계엄령을 선포했던 위기 상황이 해소되었다고 판단되면, 대통령은 계엄령을 해제할 수 있다. 이는 대통령이 계엄 해제의 최종 결정권을 가진다는 것을 의미한다.

계엄 해제는 계엄사령부와 관련 부처의 보고를 통해 결정된다. 계엄 지역의 질서가 회복되고, 공공의 안전이 보장되었다고 판단되면, 해제 절차가 본격적으로 시작된다.

2. 국회의 요구와 역할

헌법은 국회가 계엄령 해제를 요구할 수 있는 권한을 명시하고 있다. 국회는 계엄령의 필요성이 사라졌다고 판단될 경우, 계엄령 집행 상황과 국가적 안정 여부를 지속적으로 감시한다. 이는 국회 내 상임위원회(주로 국방위원회와 법제사법위원회)가 담당하며, 군과 계엄사령부로부터 정기 보고를 받는다.

국회의원 과반수의 동의로 계엄 해제 요구안을 발의할 수 있다. 계엄령이 불필요하게 연장되거나, 국민의 기본권이 과도하게 침해되고 있다고 판단했을 때 이루어진다.

이때 계엄 해제 요구안이 국회 본회의에서 표결로 통과되면 국회는 공식적으로 대통령에게 계엄령 해제를 요구한다.

아울러 대통령은 헌법에 따라 국회의 해제 요구를 존중할 의무가 있으며, 특별한 사유가 없는 한 이를 수용해야 한다. 대통령이 이를 거부할 경우, 정치적 논란과 법적 쟁점으로 비화할 수 있다.

3. 계엄령 해제 이후의 절차

첫째, 계엄령이 해제되면 계엄사령부는 즉시 해체되며, 계엄 지역에서의 군사적 통제는 중단된다. 이후 행정과 사법권은 다시 민간 정부와 법원으로 이양된다.

둘째, 언론, 출판, 집회, 결사의 자유 등 국민의 기본권 제한이 즉각 해제된다. 계엄 기간 통제되었던 활동이 정상화된다.

셋째, 국회와 사법부는 계엄 집행 과정에서의 문제점과 책임 소재를 조사할 수 있다. 특히, 계엄 기간 동안 발생한 인권 침해나 권력 남용 사례는 조사 대상이 될 수 있다.

넷째, 정부는 계엄 해제와 관련된 조치와 향후 계획을 국민에게 투명하게 공개하며, 계엄령 발동과 집행에 대한 국민적 신뢰를 회복하기 위한 노력을 기울인다.

4. 역사적 사례와 교훈

한국 현대사에서 계엄령 해제는 국회의 요구와 대통령의 결정을 통해 이루어진 사례가 있다.

1979년 10·26 사건 이후

박정희 대통령 사망 후, 비상계엄이 전국으로 확대되었다가 정국이 안정되자 국회의 압박과 국민 여론 속에서 계엄령이 해제되었다.

1980년 광주민주화운동 이후

광주 진압 후에도 계엄령은 지속되었으나, 국민적 저항과 정치적 압력으로 인해 해제 요구가 강력히 제기되었다.

계엄령 해제는 국가적 위기가 해소되고, 공공질서가 회복되었음을 확인하는 과정에서 이루어진다. 대통령의 권한과 국회의 견제가 조화를 이루며, 국민의 기본권 회복을 중심에 두고 진행된다는 것이다.

언론, 집회, 출판은 어떻게 통제되는가?

비상계엄이 선포되면, 국가의 공공질서와 안보를 유지하기 위해 언론, 집회, 출판의 자유가 제한될 수 있다. 이는 헌법과 계엄법에 근거한 조치로, 위기 상황에서 혼란과 불안을 최소화하고 체제 안정성을 확보하기 위한 것이다. 물론 이 같은 제한조치는 법적 근거와 목적이 명확히 규정된 범위 내에서 이루어져야 하며 필요 이상 억압해서는 안 된다.

계엄령하에서 언론의 자유는 가장 먼저 통제 대상이 된다. 위기 상황에서 잘못된 정보나 선동적 보도가 혼란을 가중시키거나 적대 세력에 의해 악용될 수 있기 때문이다.

언론 검열

계엄사령부는 언론 보도를 사전에 검열할 수 있는 권한을 갖는다. 신문, 방송, 온라인 매체 등 모든 형태의 언론이 대상이며, 민감한 정보나 불안감을 조성할 가능성이 있는 내용은 삭제되거나 수정된다.

보도 지침

계엄사령부는 언론사에 국가 안보와 질서 유지를 위한 보도 지침을 제공한다. 이는 불필요한 공포를 조성하지 않고 국민을 안심시키기 위한 정보 제공을 중심으로 한다.

언론사 폐쇄 가능성

계엄사령부는 정부 정책에 반하거나 선동적인 역할을 한다고 판단되는 언론사를 임시 폐쇄하거나 운영을 중단시킬 수 있다.

집회와 결사의 자유도 계엄령 하에서 크게 제한된다. 대규모 집회나 시위가 내란이나 폭동으로 발전할 가능성을 차단하기 위한 조치다.

집회 금지

계엄령이 발동되면, 모든 형태의 집회와 결사는 사전 허가 없이 금지된다. 특히, 정치적 목적을 띤 시위나 군사적 대응을 방해할 가능성이 있는 집회는 강력히 단속된다.

출입 통제

계엄지역에서는 주요 장소에 대한 출입이 제한되거나 통제된다. 공공기관, 광장, 도로 등 대규모 인원이 모일 수 있는 장소에서의 활동은 금지된다.

집회 해산

비상계엄하에서 허가 없이 이루어진 집회는 즉각 해산될 수 있으며, 이를 주도하거나 참여한 사람들은 체포될 수 있다.

끝으로, 출판과 표현의 자유 역시 계엄령 하에서 제한된다. 선동적 내용이나 적대 세력에게 유리한 정보를 차단하기 위한 조치다.

출판물 검열

모든 출판물은 사전 검열을 거쳐야 한다. 계엄사령부는 책, 잡지, 전단 등 인쇄 매체에서 불온하거나 선동적이라고 판단되는 내용을 삭제하거나 발행을 금지할 수 있다.

출판사 및 인쇄소 통제

계엄사령부는 출판사와 인쇄소에 대한 운영 통제 권한을 가지며, 특정 출판물이 사회적 혼란을 야기한다고 판단될 경우 생산을 중단시킬 수 있다.

선전 및 유포 금지

정부 정책에 반하거나 국가 안보를 위협한다고 여겨지는 출판물은 배포가 금지되며, 관련자를 조사하거나 처벌할 수 있다.

군대와 경찰의 역할은?

비상계엄 상황에서 군대와 경찰은 국가의 공공질서를 유지하고 국민의 생명과 재산을 보호하기 위해 핵심적인 역할을 수행한다. 이들은 국가 안보와 사회적 안정의 최후 보루로, 위기 상황에서 체계적이고 효과적으로 대응할 책임이 있다. 군대와 경찰의 역할은 명확히 구분되지만, 비상계엄하에서는 서로 보완적인 관계를 통해 국가적 위기를 극복하는 데 기여한다.

군대는 비상계엄 상황에서 가장 강력한 역할을 맡는다. 군대는 국가 안보와 체제 유지를 위해 설계된 조직으로, 비상사태에서는 계엄사령부를 중심으로 행정, 사법, 치안 유지의 핵심적인 기능을 담당한다.

치안 유지와 폭동 진압

군은 경찰력이 감당하기 어려운 대규모 폭동이나 내란 상황에서 치안을 유지하는 역할을 한다. 군 병력은 전략적 지역에 배치되어 주요 시설을 보호하고, 무력 충돌을 방지하는 데 사용된다.

계엄사령부의 중심 역할

계엄령이 선포되면 군대는 계엄사령부를 구성하여 국가 전반의 운영을 조율한다. 계엄사령관은 대통령의 지휘를 받아 지역 통제, 이동 제한, 주요 시설 보호 등 다양한 조치를 실행한다.

국가 안보 강화

외부 침략 가능성이 있는 경우, 군대는 내부 질서와 동시에 외부 위협에 대비해 국방력을 강화한다. 군대는 이러한 다층적 역할을 수행하며 국가 안보와 공공질서의 마지막 방어선 역할을 한다.

경찰은 비상계엄 상황에서도 기존의 치안 유지 임무를 수행하며, 군과 협력하여 공공질서를 유지하는 데 중추적인 역할을 한다.

일상 치안 유지

경찰은 군대가 주로 대규모 폭동이나 내란 같은 중대한 사태를 담당하는 동안, 지역사회의 일상적인 치안과 법 집행을 계속 수행한다. 이는 소규모 폭력 사건, 도난, 교통 통제 등 일상적 범죄 대응을 포함한다.

군과의 협력

비상계엄하에서는 경찰이 군과 협력하여 대규모 집회나 시위를 통제한다. 경찰은 초기 단계에서 집회를 관리하고 군은 필요 시 이를 지원하는 방식으로 역할을 분담한다.

정보 수집과 통제

경찰은 지역 단위에서의 정보 수집과 분석을 통해 계엄사령부에 데이터를 제공하며, 불법적인 활동이나 선동적 행위를 감시한다. 혼란을 사전에 방지하는 데 중요한 역할이다.

군대와 경찰의 역할은 비상계엄 상황에서 명확히 구분되면서도 상호 보완적이다. 군대는 대규모 위기 상황과 국가적 안보를 다루는 데 주안점을 둔다. 예컨대, 주요 기반 시설(전력 시설, 통신 시설, 정부 건물 등)을 방어하고, 치명적인 무력 충돌을 방지한다.

경찰은 지역사회의 세부적인 질서와 법 집행을 맡는다. 군이 전국적인 위기 상황을 해결하는 동안, 경찰은 지역 단위에서의 세부 치안을 유지한다.

비상계엄 상황에서 군대와 경찰은 법적, 도덕적 책임을 바탕으로 행동해야 한다. 군과 경찰의 모든 행동은 헌법과 계엄법의 테두리 안에서 이루어져야 하고, 권력 남용을 방지하기 위해 투명성과 책임성이 요구된다.

군과 경찰은 국민의 안전을 보호하기 위해 존재하는 기관으로, 비상계엄 상황에서도 국민의 신뢰를 잃지 않도록 행동해야 한다. 과도한 폭력이나 권한 남용은 장기적으로 체제의 정당성을 훼손할 수 있다.

군대와 경찰은 비상계엄 상황에서 상호 보완적인 역할을 통해 국가와 국민을 보호하는 데 기여한다. 군대는 대규모 위기와 국가 안보를 담당하며, 경찰은 지역 단위의 치안을 유지한다. 하지만 이러한 역할은 법과 국민 신뢰를 바탕으로 이루어져야만 그 정당성과 효과를 기대할 수 있을 것이다.

Chapter 02

비상계엄의 역사적 배경

The Historical Context of Emergency Martial Law

비상권의 기원

비상권의 개념은 고대 로마로 거슬러 올라간다. 로마 공화정 시기, 공화국이 심각한 위기에 처했을 때 원로원이 임명한 독재관Dictator은 6개월 동안 제한된 권한으로 국가를 안정시키는 역할을 수행했다. 당시 비상권은 공화국의 존립을 지키기 위한 체계적이고 합법적인 수단으로 간주되었다. 비상권은 권력을 강화하려는 목적이 아니라, 혼란 속에서 체제를 복구하고 정상화하기 위한 수단이었다. 이는 오늘날 비상계엄의 정당성을 뒷받침하는 초기 모델로 볼 수 있다.

중세와 근대의 비상권_왕권과 질서의 유지

중세 유럽에서 비상권은 주로 왕권 강화의 수단으로 사용되었다. 전쟁이나 반란과 같은 위기 상황에서 군주는 법적 제한 없이 군사적 조치를 취할 권한을 가졌다. 특히 영국에서는 왕이 긴급 상황에서 의회의 동의 없이 독자적으로 조치를 취할 수 있는 권한을 행사했지만, 이 권한이 남용되면서 결국 명예혁명을 통해 제한되었다.

근대에 들어서면서 비상권은 다시 제도화되었다. 특히 프랑스 혁명 이후, 국가의 안정과 질서를 유지하기 위해 비상권이 헌법에 포함되었다. 나폴레옹 시대의 비상권은 전쟁과 내란 속에서 국가를 통합하고 법과 질서를 유지하는 데 중요한 역할을 했다.

현대적 비상계엄의 등장

현대적 의미의 비상계엄은 19세기와 20세기 들어 국가적 위기 상황에 대응하기 위해 법적으로 체계화되었다. 프랑스의 1848년 혁명과 1871년 파리 코뮌에서 비상계엄은 사회적 혼란과 내란을 진압하기 위해 사용되었다. 이는 공공질서를 복구하고 국가 체제를 유지하기 위한 필수적인 조치로 간주되었다.

20세기에 들어와 비상계엄은 전쟁과 같은 극단적 상황에서 더욱 중요한 역할을 했다. 1차 세계대전과 2차 세계대전 동안, 대부분의 국가는 비상권을 발동해 자원을 동원하고 군사적 통제를 강화했다. 특히 미국은 반란법Insurrection Act과 같은 법률을 통해 비상 상황에서 연방군이 국내 치안을 유지할 수 있도록 허용했다. 즉, 현대적 비상계엄은 헌법적 틀 안에서 발동되며, 공공질서와 안보를 지키는 데 중추적 역할을 수행한다.

비상권의 역사적 교훈_책임과 남용의 경계

비상권은 국가를 위기에서 구하는 강력한 도구이지만, 남용될 경우 민주주의와 시민의 자유를 침해할 수 있다. 독일 바이마르 공화국에서의 비상권 남용은 비상권이 정당성을 잃었을 때 어떤 치명적인 결과를 초래할 수 있는지 보여주는 대표적인 사례다.

바이마르 공화국은 1919년 헌법을 통해 민주주의를 도입했지만, 동시에 헌법 제48조에 비상권 조항을 포함시켰다. 이 조항은 대통령이 "공공질서와 안전이 심각하게 위협받는 경우" 의회의 승인 없이 비상사태를 선포하고, 필요한 경우 법률을 무시하거나 행정 명령으로 치안을 유지할 권한을 부여했다.

비상권 남용의 시작

바이마르 공화국은 1920~1930년대에 경제적, 사회적 혼란을 겪었다. 세계 대공황과 정치적 극단주의의 대두는 공화국의 안정성을 크게 흔들었다. 이러한 위기 상황에서 대통령과 정부는 헌법 제48조에 의존하여 반복적으로 비상권을 발동했다.

비상권은 처음에는 공산주의 반란과 같은 내란을 진압하고, 치안을 유지하기 위한 정당한 목적으로 사용되었다. 그러나 시간이 지나면서 비상권은 의회의 동의를 얻지 않고도 정책을 시행하거나, 정치적 반대 세력을 억압하는 도구로 변질되었다.

정치적 교착 상태

의회가 분열되고 합의에 이르지 못하는 상황이 반복되자, 대통령은 비상권을 활용해 의회를 무력화하고 독단적으로 통치하기 시작했다. 이는 민주적 절차의 약화를 초래했다.

나치 정권의 부상과 비상권 활용

1933년, 히틀러가 독일 총리로 임명되면서 나치 정권은 비상권을 악용해 권력을 집중시키고, 민주주의를 완전히 파괴했다.

라이히스태그 화재 사건

1933년 2월, 독일 의회 건물(라이히스태그)이 방화로 전소되었다. 나치는 이를 공산주의자들의 폭동으로 규정하며, 즉각 대통령에게 비상권 발동을 요청했다.

"라이히스태그 화재령"

대통령 힌덴부르크는 히틀러의 요청에 따라 비상권을 발동하여 헌법이 보장한 시민의 자유(언론, 집회, 결사, 표현의 자유 등)*를 무기한 정지시켰다. 이로 인해 공산주의 정당과 나치 반대 세력은 활동이 불가능해졌고, 대규모 체포와 탄압이 이루어졌다.*

비상권을 통한 독재 체제 수립

히틀러는 비상권을 기반으로 1933년 3월 "전권 위임법"을 통과시켰다. 이 법은 정부가 의회의 승인을 받지 않고 입법할 수 있는 권한을 부여했고, 이는 사실상 민주주의 체제의 종말을 의미했다.

헌법의 사문화

전권 위임법과 비상권 남용으로 의회는 무력화되었고, 대통령제는 사실상 독재 체제로 전환되었다. 나치는 법적·제도적 장치를 이용해 모든 권력을 히틀러에게 집중시키고, 나치 정권의 독재 기반을 확립했다.

치명적 결과

바이마르 공화국의 비상권 남용은 민주주의의 실패와 나치 독재 정권의 부상을 초래했다. 이는 국민의 자유와 권리를 억압했을 뿐만 아니라, 이후 제2차 세계대전과 홀로코스트라는 인류사적 참극으로 이어졌다. 앞선 사례는 비상권이 정당성을 잃거나 남용될 경우, 민주주의와 국민의 자유를 파괴할 수 있음을 보여준다. 바이마르 공화국의 실패는 비상권이 단순히 강력한 도구가 아니라, 신중히 다뤄야 할 위험한 도구임을 분명히 보여주는 경고로 남아 있다. 따라서 비상권은 명확한 법적 근거와 민주적 감시 아래 사용되어야 하며, 그 목적은 오직 공공질서와 국가 안보를 지키는 데 한정되어야 한다. 이를 통해 비상권은 남용의 위험을 피하면서 본래의 목적을 달성할 수 있다.

역사를 통해 본 비상계엄

비상계엄은 한국 현대사뿐 아니라 세계 역사에서도 반복적으로 등장하며, 국가적 위기를 극복하는 데 중요한 역할을 해왔다. 우리는 이를 통해 비상계엄의 필요성과 동시에 신중한 사용의 중요성을 배우게 된다.

국가 안보의 최후 방어선

1950년 한국전쟁 당시, 이승만 정부는 전시 상황에서 계엄령을 발동해 군사적 통제를 강화하고 국민의 생명을 보호했다. 이러한 조치는 공공질서와 국가 안보를 유지하는 데 핵심적인 역할을 했다.

1961년 5·16 군사혁명

이후 계엄령은 혼란스러운 정국을 수습하고, 국가의 근본 질서를 재정립하는 도구로 사용되었다.

해외 사례

미국 남북전쟁

당시 링컨 대통령은 계엄령을 통해 내란을 진압하고 국가 통합을 유지했다.

프랑스 2015년 테러

사건 이후 비상사태법은 사회적 혼란을 통제하고 테러 조직을 해체하는 데 기여했다.

앞선 사례는 비상계엄이 국가 존립의 위기에서 중요한 도구로 사용될 수 있음을 보여준다.

남용의 경고와 교훈

역사적으로 비상계엄이 남용된 사례들은 민주주의와 공공질서 간의 균형을 찾는 것이 얼마나 중요한지 일깨워준다.

1972년 유신체제*

박정희 대통령은 비상계엄을 통해 유신헌법을 강행하며 권력을 집중시켰다. 이는 체제 안정에는 기여했지만 국민의 자유를 과도하게 제한하며 정치적 갈등을 심화시켰다.

**1972년 도입된 유신(維新) 체제에서 '유신'이라는 용어는 '새롭게 고치고 새롭게 한다'는 의미를 담고 있다. 한자 "維(맬 유)"와 "新(새로울 신)"을 합친 단어로, 기존 체제를 전면적으로 개혁하거나 혁신하여 새로운 국가 질서를 구축하겠다는 의지를 표현한다.*

유신은 동아시아 역사에서 주로 체제의 혁신이나 국가 개조를 의미하는 용어로 사용되었다. 특히 일본의 메이지 유신(明治維新)에서 영향을 받았는데, 일본은 메이지 시대에 정치, 경제, 군사 등 전반에서 서구화 개혁을 통해 강력한 국가로 탈바꿈했다. 박정희 정부는 이러한 메이지 유신의 성공 사례를 참고하여, 경제 성장과 국가 체제를 강화하기 위한 새로운 방향을 제시하고자 했다.

1980년 광주 사태

신군부는 비상계엄을 남용해 군사적 폭력으로 시민 저항을 진압했고 이는 민주주의의 후퇴를 초래했다.

즉, 비상계엄이 정당하게 사용될 때는 국가의 안정에 기여할 수 있지만, 권력 남용으로 이어질 경우 민주주의와 국민 신뢰를 훼손할 수 있음을 보여준다.

비상계엄은 신중함과 책임이 필요한 도구이다. 보수적인 시각은 강력한 정부의 필요성을 지지하지만, 비상계엄이 남용되지 않도록 신중하게 사용되어야 한다는 점도 강조한다. 이를 위해 비상계엄은 법적 근거와 민주적 견제를 통해 정당성을 유지해야 하며 헌법과 법률에 기반하여 발동되고 의회와 국민의 감시를 받아야 한다. 국민의 기본권은 단연 최대한 보호되어야 하며, 과도한 억압을 피하는 방식으로 실행되어야 한다. 더 나아가, 비상계엄이 종료된 이후에는 그 집행 과정과 결과를 철저히 평가하고 필요시 책임을 물어야만 비상계엄의 정당성과 신뢰를 유지할 수 있을 것이다.

비상계엄, 자유를 지키는 최후의 수단

비상계엄은 자유를 억압하기 위한 도구가 아니라, 자유를 지키기 위한 마지막 수단이다. 비상계엄은 혼란과 무질서 속에서 국가의 기본 질서를 회복하고, 자유민주주의 체제를 보호하는 필수적인 도구로 이해된다. 물론 비상계엄은 최후의 수단으로 신중하게 사용되어야 하고, 법적 절차와 민주적 견제 속에서 정당성을 유지해야 한다. 역사의 교훈을 바탕으로 우리는 비상계엄의 필요성을 인식하면서도 자유민주주의의 가치를 훼손하지 않도록 하는 균형 잡힌 접근이 필요하다.

비상계엄, 역사의 중심에 서다

1. 1950년 한국전쟁 속의 계엄

한국전쟁(1950~1953) 동안 대한민국은 국가의 존립이 위협받는 극단적 상황에서 계엄령을 선포하며 전시 체제에 돌입했다. 계엄령은 전쟁 초기의 혼란을 극복하고, 국가 안보와 공공질서를 유지하기 위한 비상조치로 발동되었다. 이 시기의 계엄은 단순히 질서를 유지하는 것을 넘어, 국가적 위기 속에서 전시 행정과 군사작전의 효율성을 높이고 체제 유지의 핵심 도구로 사용되었다.

계엄령 선포 시점

1950년 6월 25일, 북한군의 기습적인 남침으로 한국전쟁이 발발하자, 이승만 대통령은 6월 27일 서울 지역에 경비계엄령을 선포했다. 이는 전쟁 초기의 혼란을 통제하고 국가 체제를 유지하기 위한 비상조치였다. 이후 전쟁이 확산되면서 계엄령은 전국으로 확대되었으며, 남한 전역이 군사적 통제 하에 놓였다. 이러한 계엄령은 대한민국 헌법과 계엄법에 근거해 발동되었고, 비상사태에 대응하기 위한 대통령의 고유 권한으로 이루어진 것이었다.

한국전쟁 중 계엄령의 주된 목적은 혼란과 혼돈 속에서 공공질서를 유지하고, 군사작전과 민간 행정의 조화를 이루는 데 있었다. 당시 상황은 대규모 피난민 이동과 전선의 빠른 변동으로 인해 행정 기능이 마비될 위험에 처해 있었다. 계엄령은 군이 민간 지역을 통제하며 전쟁 수행의 효율성을 높이는 데 중점을 두었고, 이를 통해 군사 작전과 민간 생활의 연속성을 보장하려 했다.

계엄령은 또한 국가 안보를 보호하기 위한 필수적인 조치로 간주되었다. 북한군의 위협이 확대되는 상황에서, 계엄령은 군사적 위기를 극복하고 공공기관의 기능을 유지하는 데 중요한 역할을 했다. 군사적 통제와 민간 협력이 결합된 계엄 체제는 전시 상황에서 국가의 존립을 지키는 핵심 도구로 작동했다. 이는 당시 극도로 불안정했던 대한민국의 체제를 유지하고 국민을 보호하는 데 필수적이었다.

2. 계엄령의 주요 내용과 실행 방식

계엄령 발동 이후, 군사적 통제는 행정, 치안, 법률 시스템에 광범위한 영향을 미쳤다. 이는 전쟁 상황에서 질서를 유지하고, 군사작전과 민간 행정을 조율하기 위한 필수적인 조치로 작동했다. 특히 군사적 권한의 확대와 치안 유지, 기본권 제한, 전시 행정의 통합이 계엄 체제의 핵심 요소로 자리 잡았다.

군사적 권한은 크게 확대되어 민간 지역에서의 공공질서 유지에 중심적인 역할을 했다. 군은 경찰과 협력하여 중요 시설과 교통망을 직접 관리했으며, 이를 통해 전략적 자산을 보호하고 전쟁 수행의 효율성을 높였다. 계엄사령부는 이러한 군사적 통제를 조율하기 위해 설치되었으며, 지역 단위로 조직되어 군과 행정 기관 간의 협력을 강화했다. 이를 통해 군사작전과 민간 통제가 통합적으로 이루어질 수 있었다.

치안과 공공질서 유지는 계엄령하에서 군과 경찰이 공동으로 수행한 핵심 임무였다. 대규모 피난민 이동과 전쟁으로 인한 혼란 속에서 치안을 유지하는 것은 필수적이었다. 군과 경찰은 범죄 증가와 폭력 사태를 억제하기 위해 통행 금지와 집회 금지 같은 조치를 시행했다. 이러한 조치는 혼란을 줄이고, 사회적 안정성을 확보하는 데 기여했지만 동시에 민간 생활에 많은 제약도 가져왔다.

한편, 계엄령은 국민의 기본권에도 상당한 제한을 가했다. 언론, 출판, 집회, 결사의 자유는 계엄령하에서 크게 제한되었다. 전쟁 중 민감한 군사 정보가 노출되는 것을 방지하기 위해 언론 검열이 강화되었으며, 모든 민간인의 이동은 군의 허가를 받아야 했다. 이는 군사적 비밀을 보호하고 혼란을 최소화하기 위한 조치였지만, 국민들의 자유와 권리를 크게 제한하는 결과를 낳았다.

전시 행정의 통합도 계엄령하에서 중요한 역할을 했다. 지방 정부는 계엄사령부와 협력하여 민간 행정을 유지했으며, 피난민 구호와 식량 배급, 공공시설 복구 같은 업무가 군의 지원 아래 진행되었다. 군의 도움을 통해 전쟁으로 인해 마비될 수 있는 행정 기능이 복원되었고, 국민들에게 필수적인 서비스가 제공될 수 있었다. 이러한 조치는 국가 체제를 유지하고 전쟁 중 민간인들의 생존을 돕는 데 중요한 기여를 했다.

3. 주요 사례와 전환점

서울 함락과 피난 행렬

북한군이 남침한 지 불과 3일 만에 서울이 함락되면서 계엄령은 한강 이남으로 확대되었다. 서울의 함락은 국가적 위기감을 더욱 고조시켰고, 수도를 떠난 정부는 대전, 대구, 부산으로 순차적으로 이동하며 행정 기능을 유지하려 했다. 이 과정에서 계엄령은 민간과 군의 조율을 가능하게 하고, 혼란 속에서도 정부가 기능할 수 있는 기반을 마련했다. 군과 경찰은 피난민을 보호하고 주요 지역의 질서를 유지하며 체제 붕괴를 방지하기 위해 노력했다.

흥남 철수와 계엄령

1950년 12월, 중국군이 한국전쟁에 개입하면서 UN군과 한국군은 대규모 후퇴를 감행해야 했다. 이 과정에서 흥남 철수 작전은 계엄령 하에서 군사적 후퇴와 민간인 피난을 동시에 관리하며 이루어졌다. 군은 철수 작전의 질서를 유지하고, 피난민 수송을 조직적으로 수행함으로써 혼란을 최소화하려 했다. 특히, 흥남 철수는 약 10만 명의 민간인을 배에 태워 안전하게 철수시키는 대규모 인도주의적 작전으로, 계엄 체제가 이러한 혼란을 관리하는 데 중요한 역할을 했다는 평가를 받는다.

전시 군사재판

계엄령하에서는 전쟁 중 반역 행위나 간첩 활동으로 의심되는 사람들을 신속히 처리하기 위해 군사재판이 시행되었다. 이는 전시 상황에서 질서를 유지하고, 적의 침투를 효과적으로 차단하려는 의도로 이루어졌다. 그러나 군사재판은 법적 절차와 공정성을 충분히 보장하지 못해, 무고한 민간인들이 억울하게 희생된 사례도 보고되었다. 특히, 증거 부족이나 오판으로 인해 일부 민간인들이 간첩으로 몰려 처벌받는 경우가 있었다는 점은 계엄령 집행의 한계를 보여준다.

4. 계엄령의 효과와 한계

한국전쟁 초기의 극심한 혼란 속에서 계엄령은 질서를 유지하고, 군사작전과 민간 행정을 조율하는 데 중요한 역할을 했다. 북한군의 기습적인 남침에 대응하여 계엄령은 빠르게 전시 체제를 구축하는 데 기여했다. 이를 통해 민간인의 협조를 이끌어내고, 전쟁 초기의 혼란을 어느 정도 억제할 수 있었다. 계엄령은 전시 상황에서 군과 민간이 효율적으로 협력하도록 하는 도구로 기능하며, 국가 체제가 붕괴되지 않도록 하는 데 핵심적이었다.

그러나 계엄령 집행 과정에서 기본권 제한과 군사적 통제의 과잉은 민간인들의 불만을 초래하기도 했다. 특히 언론, 집회, 이동의 자유가 제한되면서 국민들이 느끼는 억압감은 컸다. 피난민 통제 과정에서도 군사적 조치가 과도하게 적용되어, 일부 지역에서는 민간인들에게 폭력이 사용된 사례도 보고되었다. 이는 계엄령이 체제 유지를 위한 비상조치로는 효과적이었지만, 그 집행 과정에서 인권을 침해할 소지가 있었음을 보여준다.

또한 전시 군사재판은 신속한 판결을 가능하게 했지만, 공정성을 충분히 보장하지 못해 논란이 되기도 했다. 일부 재판에서는 증거가 부족하거나 부적절한 절차가 적용되어, 억울한 희생자가 발생하기도 했다. 이는 계엄령이 국가적 위기 상황에서 필수적인 조치였음에도 불구하고, 그 집행 과정에서 발생할 수 있는 문제점과 한계를 잘 드러내는 사례다.

5. 전쟁 이후의 계엄 해제

1953년 휴전협정이 체결된 이후, 계엄령은 점진적으로 해제되었다. 휴전 협상 이후 남한 지역의 치안이 안정되면서 민간행정이 복원되었고, 계엄사령부의 역할이 축소되었다. 계엄령

하에서 제한되었던 언론과 시민의 자유도 서서히 회복되었다.

1950년 한국전쟁 속의 계엄령은 국가적 위기 상황에서 불가피하게 발동된 조치로, 전쟁 초기의 혼란을 통제하고 체제를 유지하는 데 중요한 역할을 했다. 그러나 기본권 제한과 군사적 통제의 과잉으로 인해 일부 인권 침해 사례가 발생하기도 했다. 당시 계엄은 전시 비상조치의 한계를 보여주는 동시에, 국가 존립을 지키기 위한 필수적인 선택으로 평가된다. 한국전쟁 속 계엄령은 위기 상황에서 국가 안보와 공공질서를 유지하는 계엄 제도의 본질적 역할을 확인시킨 사례로 남아 있다.

박정희와 5·16 군사혁명

한국 현대사의 중요한 전환점으로, 대한민국의 경제 발전과 정치적 안정의 기반을 마련한 사건으로 평가받는다. 5·16 군사혁명과 비상계엄은 당시 혼란스러운 정국 속에서 국가를 안정시키고 새로운 성장의 토대를 마련하기 위해 불가피했던 선택으로 본다.

1960년대 초반, 대한민국은 극심한 정치적 혼란과 경제적 어려움에 빠져 있었다. 4·19혁명 이후 이승만 정권이 무너졌지만, 뒤이어 들어선 장면 정부는 지속적인 정치적 교착과 경제적 무능력으로 인해 국민의 신뢰를 잃었다. 사회는 혼란스러웠고, 북한의 위협이 상존하는 상황에서 안보의 위기도 심각했다. 이러한 배경 속에서 박정희와 그의 군사 세력은 1961년 5월 16일 비상계엄을 선포하고 군사혁명을 단행하게 된다.

5·16 군사혁명은 비상계엄을 통해 정국을 안정시키고, 무너져가는 국가 체제를 복구하기 위한 시도로 진행되었다. 비상계엄령은 군사정부가 법과 질서를 유지하며 국가 운영을 정상화하는 데 핵심적인 역할을 했다. 군사정부는 모든 정치 활동을 금지하고 기존의 부패한 정치 구조를 해체하며 새로운 국가 재건의 틀을 마련했다. 박정희는 비상계엄을 통해 군 중심의 과도 정부를 설립하고 강력한 지도력으로 국가를 통합하며 혼란을 수습한 것이다.

보수주의는 5·16 군사혁명과 비상계엄이 당시 혼란스러운 상황에서 안정과 질서를 회복하고, 국가의 존립을 지키는 데 필수적이었다고 본다. 박정희는 비상계엄을 통해 정치적 혼란을 통제하고 이후 경제개발 5개년 계획과 같은 혁신적 정책들을 추진할 수 있는 환경을 조성했다. 이러한 노력은 한국이 농업 중심의 빈곤한 국가에서 산업화와 경제 성장을 이루는 발판이 되었다.

물론, 비상계엄과 군사혁명은 민주주의적 절차를 일시적으로 중단시키는 조치인 터라, 비판의 대상이 될 수는 있다. 그러나 당시의 국제적 상황과 국내적 위기를 고려할 때, 5·16 군사혁명과 비상계엄은 불가피한 선택이었으며 결과적으로 한국의 안보와 경제 발전에 기여한 역사적 사건으로 봄직하다. 비상계엄은 국가 존립의 위기에서 공공질서를 유지하고 체제를 복구하기 위한 강력한 도구로 사용되었고 그 목적은 국가와 국민을 보호하고 나라를 경제강국으로 만드는 데 있었다는 점에서 그 정당성을 찾을 수 있다.

결국 박정희와 5·16 혁명은 비상계엄이 당시의 혼란을 수습하고 국가 재건의 기반을 마련하는 데 적잖은 역할을 했다는 점에서 매우 중요한 의미를 가진다. 비상계엄은 단순한 강압적 통치가 아니라 국가 위기 속에서 체제의 안정과 미래를 설계하기 위한 전략적인 선택이었다. 5·16 혁명은 비상계엄을 통해 한국의 근대화와 경제 발전을 이루는 출발점이 되었다.

유신헌법과 계엄령

1972년 박정희 정부의 유신헌법 제정과 계엄령 선포는 한국 현대사에서 중요한 전환점으로, 당시 국가 안보와 경제적 안정이라는 과제를 해결하기 위해 불가피한 조치로 평가받는다.

1970년대 초반, 대한민국은 국내외적으로 심각한 위기 상황에 직면해 있었다. 베트남전이 종식되고, 미국의 닉슨 독트린으로 인해 한미 동맹의 변화가 예고되면서 안보 불안이 증폭되었다. 이와 함께 북한은 김일성 체제 아래에서 지속적으로 무력 도발과 체제 전복 시도를 강화했다. 국내적으로는 정치적 분열과 사회적 갈등이 심화되었으며, 경제 성장의 지속 가능성에도 의문이 제기되던 시점이었다. 이러한 상황 속에서 박정희 대통령은 유신체제를 통해 국가적 위기를 극복하고 체제를 강화하기 위한 결단을 내렸다.

유신헌법의 도입은 계엄령이라는 강력한 정치적 수단을 통해 이루어졌다. 박정희 대통령은 1972년 10월 17일, 비상계엄을 선포하고 국회를 해산하며 유신헌법 제정의 기반을 마련했다. 비상계엄하에서 언론과 정치 활동이 강력히 통제되었고, 국민투표를 통해 유신헌법이 공식적으로 채택되었다. 유신헌법은 대통령에게 강력한 권한을 부여하며, 국가안전보장회의(NSC)를 통해 효율적인 국가 운영을 가능하게 했다. 이는 당시의 안보 위협과 경제 개발 과제를 해결하기 위한 국가적 도구로 간주되었다.

유신헌법과 계엄령은 중화학공업과 원자력 산업의 발전과 밀접한 관계가 있다. 이는 박정희 정부가 유신체제를 통해 국가 운영의 효율성을 높이고, 경제와 안보 분야에서 강력한 국가 주도의 전략을 추진하면서 나타난 결과다. 유신헌법과 계엄령은 이러한 국가 주도적 전략이 효과적으로 실행될 수 있는 제도적 기반을 제공했다.

1. 중화학공업과 유신헌법

유신헌법은 박정희 대통령에게 강력한 권한을 부여하며 경제개발 계획의 효과적 추진을 가능하게 했다. 특히 중화학공업은 당시 대한민국이 노동집약적 산업에서 기술집약적 산업으로 전환하기 위해 집중적으로 육성한 분야였다.

유신체제 하에서 정부는 경제개발 계획을 중앙집중적으로 관리하며, 중화학공업에 대한 대규모 투자를 가능하게 했다.

철강(포항제철), 조선, 석유화학, 기계산업 등이 이 시기에 집중적으로 발전했다. 중화학공업은 단순히 경제적 발전뿐 아니라, 군수산업과도 연결되어 국가 안보의 중요한 축이 되었다. 유신체제는 이런 산업 발전을 통해 경제적 자립과 군사적 자립을 동시에 추구했다.

2. 원자력 산업과 유신체제

원자력 산업은 중화학공업과 더불어 유신체제 하에서 박정희 정부가 집중적으로 육성한 분야다. 이는 경제적 필요와 함께 안보적 필요가 결합된 정책적 선택이었다. 1970년대 초반 석유파동 이후, 에너지 자립의 필요성이 대두되었다. 유신헌법을 통해 국가적 에너지 정책의 일관성을 확보한 박정희 정부는 원자력 발전소 건설에 나섰다. 이는 한국이 안정적인 에너지 공급 체계를 갖추는 데 중요한 역할을 했다. 원자력 산업은 단순히 에너지 생산을 넘어, 한국의 과학기술 역량을 끌어올리는 중요한 계기가 되었다. 원자력 기술 개발은 중화학공업과 함께 국가 산업 기반의 고도화를 촉진했다.

3. 원자력과 안보_비밀 프로젝트의 가능성

유신체제는 원자력 기술을 안보와 연결시키려는 시도를 했다는 분석도 있다. 당시 박정희 정부는 독자적인 군사적 자립을 위해 핵무기 개발 가능성을 염두에 둔 것으로 알려져 있다. 1970년대, 북한의 군사적 위협과 미국의 동아시아 정책 변화(닉슨 독트린)는 한국 정부로 하여금 독자적인 방위 능력 확보를 고민하게 만들었다.* 원자력 기술은 이러한 맥락에서 군사적 응용 가능성도 논의된 것으로 보인다. 박정희 정부는 원자력 기술의 군사적 활용 가능성을 검토했으나, 미국의 강력한 반대와 국제적 압박으로 인해 관련 계획이 중단된 것으로 알려져 있다.

** 닉슨 독트린은 1969년 7월 리처드 닉슨 미국 대통령이 발표한 외교 정책으로, 동맹국에 대한 미국의 군사적 개입을 축소하고, 각국이 스스로 방위를 책임지도록 유도하는 내용을 골자로 한다. 이는 베트남 전쟁으로 인한 미국 내 피로감과 재정 부담, 그리고 냉전 시대에 미국의 글로벌 전략을 재조정하려는 노력의 일환이었다. 한국을 포함한 동맹국들에 큰 영향을 미쳤으며, 특히 한미 동맹에 중요한 변화를 예고하며 안보 불안을 증폭시켰다.*

4. 계엄령과 산업 발전의 상관성

계엄령은 유신체제 초기 국가의 혼란을 통제하고, 경제개발 정책을 안정적으로 추진할 수 있는 환경을 조성했다. 계엄령은 정치적 반대와 사회적 혼란을 억제하며, 경제개발과 중화학공업 육성 같은 장기적인 국가 전략이 흔들림 없이 추진될 수 있도록 했다. 계엄 상황에서 박정희 정부는 경제와 안보의 통합적 발전이라는 목표를 중앙집중적으로 관리할 수 있었다.

결국 유신헌법과 계엄령은 중화학공업과 원자력 산업의 발전을 가능하게 한 제도적 기반이었다. 유신체제는 정치적 안정과 강력한 리더십을 바탕으로 경제와 기술의 도약을 이루는 데 필수적인 환경을 제공한 것이다.

닉슨 독트린

자국 방위 우선 원칙

동맹국들은 외부로부터의 침략을 막기 위해 스스로 군사력을 강화하고 방위책을 마련해야 한다는 점을 강조했다.

미국의 군사적 축소

미국은 동맹국에 대한 전면적 군사 개입 대신, 기술적 · 재정적 지원에 주력하며, 직접적인 군사 행동은 최소화하겠다는 방침을 세웠다.

핵우산 제공 약속

미국은 동맹국들에게 외부로부터의 핵 위협에 대해 여전히 보호막을 제공하겠다고 약속했다.

닉슨 독트린이 한미 동맹에 미친 영향

주한미군 감축

닉슨 독트린 발표 이후, 미국은 1971년 주한미군 병력을 약 6만 명에서 4만 명으로 대폭 감축했다. 이는 한국에 주둔했던 제7보병사단의 철수로 이어졌다. 미군 감축은 한국군의 전력 공백을 초래할 수 있다는 우려를 낳았으며, 군사적 방어력에 대한 국민적 불안을 증폭시켰다.

한국의 자주국방 필요성 대두

미국의 군사적 축소는 한국 정부로 하여금 자주국방의 필요성을 절실히 느끼게 했다. 이는 박정희 대통령이 국방력 증강과 군 현대화를 강력히 추진하게 된 계기가 되었으며, 중화학공업과 방위산업 육성으로 이어졌다.

북한의 위협 증가

닉슨 독트린은 북한에게 한미 동맹이 약화되고 있다는 신호로 받아들여졌다. 이는 북한이 1968년 청와대 기습 사건, 울진-삼척 무장공비 침투 사건 등 대남 도발을 강화하는 계기가 되었다. 미국의 군사적 축소는 북한의 공격 가능성을 더욱 부각시켰으며, 한국 내 안보 불안을 가중시켰다.

한국의 외교적 고립 우려

미국이 베트남에서 점차 철수하고, 동아시아에서의 개입을 축소하면서, 한국은 외교적으로도 고립될 가능성에 대한 우려를 느꼈다. 특히 미국의 중국과의 관계 개선(1972년 닉슨의 중국 방문)은 한국에게 전략적 긴장을 초래했다.

닉슨 독트린으로 인한 안보 불안의 증폭

닉슨 독트린은 동맹국들에게 자국 방위의 책임을 강조했지만, 한국은 이를 현실적 도전으로 받아들였다.

군사력 공백주한미군 감축과 동시에 한국군은 충분히 현대화되지 않은 상태였으며, 북한과의 군사력 격차가 여전히 우려되었다.

외교적 불확실성미국의 동아시아 전략 변화는 한국에게 동맹의 신뢰도를 약화시키는 요소로 작용했다.

경제적 부담자주국방을 위해 대규모 국방비 지출이 필요해졌고, 이는 경제 개발 초기 단계에 있던 한국에 큰 부담으로 다가왔다.

박정희 정부의 대응

자주국방 강화

닉슨 독트린의 발표 이후, 박정희 정부는 국방력 강화를 위한 중장기 계획을 수립했다. 중화학공업 육성과 국방산업 발전은 이 시기의 핵심 정책이었다.

원자력 기술 도입

자주국방의 일환으로, 한국은 원자력 기술을 에너지 자립뿐만 아니라 군사적 응용 가능성까지 고려하며 도입하려 했다. 이는 국제적 압박으로 좌절되었지만, 당시의 위기감을 잘 보여준다.

한미 동맹 재확인 노력

한국 정부는 미국과의 군사 및 경제 협력을 유지하기 위해 지속적으로 외교적 노력을 기울였다. 닉슨 독트린 이후에도 한국은 미국의 안보 보장을 받기 위해 협상을 강화했다.

닉슨 독트린은 한미 동맹에 중대한 전환점을 제공하며, 한국 안보 체제의 변화와 자주국방의 필요성을 강조하는 계기가 되었다. 미국의 군사적 축소는 한국에 안보 불안을 초래했지만, 동시에 자주국방 강화와 중화학공업 육성 같은 국가적 도약을 가능하게 한 촉매제로 작용했다. 보수 우파는 이를 대한민국이 자립적 안보와 경제 성장을 이루기 위한 역사적 기회로 활용했다고 평가한다.

10·26 사건과 그후

1979년 10월 26일, 대한민국 현대사에서 가장 충격적인 사건 중 하나로 꼽히는 박정희 대통령의 피살은 국가를 혼란과 불확실성 속으로 몰아넣었다. 보수 우파의 시각에서 10.26 사건은 대한민국의 안정과 번영을 이끌었던 강력한 지도력을 상실하게 만든 비극으로, 이후의 정치적 혼란과 체제 약화의 원인이 되었다고 평가된다.

박정희 대통령은 1961년 5·16 군사혁명 이후 대한민국의 근대화를 이끈 지도자였다. 그는 경제개발 5개년 계획과 중화학공업 육성을 통해 대한민국을 빈곤에서 벗어나게 했으며,

국제무대에서 주목받는 산업 국가로 성장시켰다. 그러나 그의 장기 집권과 유신헌법으로 인해 정치적 반발이 점차 커지기 시작했다. 1970년대 후반 들어 국내외적 어려움이 겹치며, 박정희 체제에 대한 도전이 본격화되었다.

1979년 10월, 부마항쟁으로 대표되는 학생 및 노동자 시위는 박정희 정부에 대한 불만이 고조되고 있음을 보여주었다. 이러한 상황에서 당시 중앙정보부장 김재규는 박정희 대통령의 통치를 끝내야 한다고 판단하고, 10월 26일 궁정동에서 대통령을 사살했다. 김재규는 이 사건을 민주주의 회복을 위한 행동으로 포장했지만, 혹자는 이를 국가 지도자를 잃게 만든 무책임한 반역 행위로 간주한다.

박정희 대통령의 피살은 대한민국에 정치적 공백과 혼란을 초래했다. 지도력을 상실한 국가는 이후 권력 공백과 정국 혼란 속에서 방향을 잃었다. 박정희 사후, 최규하 대통령이 취임했으나 그의 임시정부는 강력한 리더십을 발휘하지 못했고, 정치적 혼란은 지속되었다. 이는 북한의 도발 가능성을 높이며 국가 안보를 위태롭게 만들었다.

박정희 대통령의 피살은 대한민국을 안정과 성장의 궤도에서 이탈하게 만들었다고 본다. 그의 경제정책과 국가 운영 방식은 한국의 지속적인 발전을 가능하게 했으나, 그의 부재는 이 체제를 유지할 강력한 리더십을 상실하게 만들었다.

10·26 사건 이후, 대한민국은 민주화와 체제 안정이라는 두 가지 도전을 동시에 맞이했다. 하지만 박정희 대통령의 리더십과 비전이 지속되지 못한 것은 경제 발전과 안보 강화에 있어 중요한 기회를 상실하게 만들었다. 사건 이후의 정치적 혼란과 사회적 갈등은 박정희 체제의 안정성을 상기시키는 계기가 되었으며 이는 이후 군부 주도의 신군부 체제가 등장하는 배경이 되었다.

10·26 사건은 대한민국 현대사에서 중요한 전환점이 되었으며, 보수 우파는 이를 국가 안정과 발전을 위협한 비극으로 본다. 박정희 대통령의 죽음은 단순한 개인의 죽음이 아니라, 국가의 방향성과 체제 유지의 핵심축을 잃는 결과를 초래했다. 그의 지도력 아래에서 이룩한 성과들은 여전히 대한민국의 경제적 · 정치적 기반으로 남아 있으나, 그가 떠난 이후의 혼란은 강력한 지도자의 필요성을 다시금 일깨우는 교훈으로 작용하고 있다.

5·18 광주민주화운동

1980년 5·18 광주민주화운동은 대한민국 현대사에서 깊은 논란과 상처를 남긴 사건으로, 비상계엄과의 연관성 속에서 이해할 필요가 있다. 이 사건은 국가의 혼란 속에서 안정을 추구하려는 신군부의 비상조치와 시민들의 민주주의 열망이 충돌하며 발생한 비극으로 평가된다. 당시의 상황과 배경을 고려하면, 비상계엄은 불안정한 국가 체제를 유지하기 위해 불가피했던 선택으로 볼 수 있다.

박정희 대통령의 피살 이후 대한민국은 권력 공백과 정치적 혼란에 빠졌다. 최규하 대통령이 취임했으나 임시정부는 강력한 리더십을 발휘하지 못했고, 정국은 계속해서 불안정했다. 이 시기 신군부 세력은 군 내부의 질서를 유지하고 국가 혼란을 방지하기 위해 점차 영향력을 확대했다. 1980년 5월, 신군부는 광범위한 비상계엄을 선포하며 군사적 통제를 강화했는데, 이는 내란과 폭동 가능성을 막고 국가 안보를 보호하기 위한 긴급 조치로 여겨졌다.

5·18 광주민주화운동은 이 비상계엄이 전국적으로 확대된 가운데 발생했다. 5월 18일, 광주 지역에서 대학생들과 시민들은 계엄 해제를 요구하며 시위를 시작했다. 초기 시위는 평화적으로 진행되었으나 군과 경찰이 이를 강경 진압하면서 충돌이 발생했다. 이후 시위는 격화되었고 점차 시민군이 형성되는 등, 광주는 극도의 혼란 상태에 빠지고 말았다. 일부 보수주의자들은 이 시위를 북한의 지원 가능성을 포함한 내란 위협으로 해석하며 비상계엄을 통한 질서 회복이 필요했다고 생각했다.

군이 투입되어 광주를 진압하는 과정에서 다수의 희생자가 발생했고, 이는 오늘날까지도 큰 논란을 일으키고 있다. 당시 군사적 조치가 불가피한 상황에서 이루어졌으며, 혼란을 조기에 종식시키기 위한 결정이었다고 보는 시각도 있으나, 진압 과정에서 발생한 과도한 폭력과 민간인 희생은 안타까운 사실이었으며 역사적 평가와 반성이 필요하다는 점에는 대다수가 동의한다.

5·18 광주민주화운동은 비상계엄하에서 국가 체제와 시민의 자유가 충돌했던 역사적 사건이다. 이 사건은 국가의 혼란 속에서 체제를 보호하려는 노력과 민주주의 요구가 충돌한 결과로, 비상계엄과 군사적 조치의 필요성을 강조하면서도, 집행 과정에서의 과오와 피해는 반성해야 할 것이다. 이 사태는 대한민국이 더 나은 민주주의와 안보의 균형을 찾아야 한다는 교훈을 남긴 중요한 역사적 순간으로 남아 있다.

세계의 비상계엄 이야기

비상계엄과 서구 민주주의의 공존

비상계엄은 서구 민주주의에서 위기 상황에서 국가와 체제를 보호하기 위한 도구로 발전해왔다. 서구 민주주의는 개인의 자유와 기본권을 중시하지만, 동시에 공공질서와 국가 안보를 위협하는 상황에서 이를 지키기 위해 특별한 권한을 허용한다.

미국_헌법적 제한 속의 비상권

미국은 헌법과 법률을 통해 비상계엄을 규정하고 있으며, 이는 자유민주주의를 보호하기 위한 체계적인 장치로 작동해왔다.

반란법Insurrection Act(1807년)

대통령은 폭동, 반란, 치안 붕괴 상황에서 연방군을 동원할 수 있는 권한을 부여받는다. 이는 국가의 안보와 공공질서를 유지하기 위한 법적 근거로 사용되었다.

남북전쟁(1861–1865)

에이브러햄 링컨 대통령은 남북전쟁 동안 헌법에 따른 비상권을 발동하여 내란을 진압하고 연방을 보호했다. 그러나 개인의 자유 제한과 같은 조치들은 논란을 일으켰다.

현대적 적용

1992년 로스앤젤레스 폭동과 같은 사례에서, 비상계엄은 질서 유지와 사회 안정화를 위한 효과적인 수단으로 사용되었다.

프랑스_비상사태법과 공공질서

프랑스는 비상사태법을 통해 국가적 위기 상황에서 특별 권한을 행사할 수 있는 제도를 마련했다.

1955년 비상사태법

알제리 독립 전쟁 중 제정된 이 법은 테러, 내란, 사회적 혼란과 같은 위기 상황에서 공공질서를 유지하기 위한 법적 근거를 제공한다.

2015년 파리 테러

프랑스 정부는 테러 공격 이후 비상사태를 선포해 치안을 강화하고, 테러 조직을 신속히 해체했다. 비상사태는 2년 이상 지속되었으며, 이는 국민의 안전을 지키는 데 중요한 역할을 했다.

현대적 과제

프랑스는 테러와 같은 비전통적 위협에 대응하기 위해 비상권의 현대적 적용 방안을 지속적으로 모색하고 있다.

각 나라의 사례

프랑스, 비상사태법을 통한 질서 유지

프랑스는 비상사태법Loi sur l'état d'urgence이라는 제도를 통해 국가적 위기 상황에서 비상계엄과 유사한 조치를 발동할 수 있다.

역사적 배경

1955년에 제정된 비상사태법은 알제리 독립전쟁 당시 대규모 사회적 혼란과 테러를 진압하기 위해 처음 도입되었다. 이후 프랑스는 테러, 폭동, 내란 등 국가적 위기 상황에서 이 법을 활용해 공공질서를 유지하고 시민의 안전을 보호했다.

현대적 사례

2015년 파리 테러 이후, 프랑스 정부는 즉각 비상사태를 선포했다. 이 기간 동안 정부는 국민의 이동과 집회를 제한하고 용의자에 대한 자택 감금, 사전 승인 없는 수색 등을 허용했다. 비상사태는 2년 이상 지속되며 프랑스 역사상 가장 긴 비상조치로 기록되었다.

비판과 논란

비상사태법은 국가 안보와 공공질서를 유지하는 데 기여했지만, 시민 자유를 과도하게 제한했다는 비판을 받았다. 특히, 언론과 시민단체는 이 법이 민주적 권리를 약화시키는 도구로 사용될 수 있다고 우려했다.

미국, 헌법과 법률로 규정된 비상권

미국은 반란법Insurrection Act과 같은 법률을 통해 비상사태에서의 군사적 개입과 비상권 발동을 규정하고 있다.

반란법Insurrection Act(1807년)

미국 대통령은 내란, 폭동, 자연재해와 같은 위기 상황에서 연방군을 동원할 권한을 가진다. 이 법은 주정부의 요청이 있거나, 연방법과 공공질서가 심각하게 위협받는 경우에 발동된다.

현대적 사례

1992년 로스앤젤레스 폭동 당시, 조지 H. W. 부시 대통령은 주정부 요청에 따라 연방군을 동원해 폭동을 진압하여, 폭력과 약탈을 신속히 억제하며 질서를 회복하는 데 기여했다.

논란과 한계

2020년 조지 플로이드 사망 사건으로 촉발된 시위와 폭동 중, 도널드 트럼프 대통령은 반란법 발동을 검토했다. 그러나 민주주의의 근본 원칙인 주권과 연방주의를 훼손할 수 있다는 우려로 발동되지 않았다.

미국에서는 비상권이 헌법과 법률의 엄격한 제한 아래 발동되며, 이는 군사적 개입이 민주적 통제를 벗어나지 않도록 설계된 중요한 장치다.

필리핀, 독재와 계엄령의 그림자

필리핀은 마르코스 정권 시절 계엄령이 남용된 대표적 사례로, 비상계엄이 어떻게 민주주의를 억압하는 도구로 변질될 수 있는지를 보여준다.

마르코스의 계엄령(1972년~1981년)

페르디난드 마르코스 대통령은 1972년, 공산주의 반란과 사회적 혼란을 이유로 계엄령을 선포했다. 이때 그는 헌법을 개정하고 무제한 권력을 휘두르며 정권을 유지했다. 정적 체포와 언론 통제는 계엄령 하에서 일상이 되었다. 결국 필리핀은 계엄 기간 동안 경제적 불평등과 정치적 억압이 심화되었으며, 인권 침해가 만연했다.

계엄령의 남용은 결국 1986년 피플 파워 혁명으로 이어져 마르코스는 정권에서 물러나야 했다. 필리핀의 사례는 비상계엄이 국가적 위기 상황에서 남용될 경우, 민주주의와 국민의 자유를 심각하게 훼손할 수 있다는 경고를 남긴다.

필리핀 마르코스의 계엄령

페르디난드 마르코스 대통령이 1972년 필리핀에서 계엄령을 선포한 배경은 매우 복합적이다. 이는 정치적, 사회적, 경제적 혼란 속에서 마르코스가 자신의 권력을 공고히 하기 위한 전략적 선택이기도 했다. 국가 안보와 체제 붕괴 위기를 명분으로 삼아 계엄령이 발동되었으나, 그 본질은 정권 연장을 위한 정치적 도구로 사용되었다는 평가를 받는다.

1970년대 초반, 필리핀은 공산주의 반군인 신인민군(New People's Army, NPA)의 세력 확산으로 치안 불안에 시달렸다. NPA는 1968년 창설된 공산주의 정당 CPP(Communist Party of the Philippines)의 무장 조직으로, 농촌 지역을 중심으로 반정부 게릴라 활동을 벌였다. 이들은 토지 개혁과 경제적 평등을 주장하며 빈곤한 농민들의 지지를 얻었다. 경찰서와 군 기지 공격, 정부 관리 납치, 암살 같은 활동은 필리핀 전역으로 확산되며 정부에 심각한 도전을 안겼다. 마르코스는 이를 국가 안보에 대한 심각한 위협으로 규정하며 계엄령 선포의 주요 명분으로 내세웠다.

남부 민다나오 지역에서는 모로(Moro) 무슬림 분리주의 운동이 활발히 전개되었다. 민다나오 지역은 무슬림 인구가 다수를 차지하는 곳으로, 오랜 차별과 빈곤 문제가 이 지역을 더욱 불안정하게 만들었다. 이로 인해 모로 민족해방전선(MNLF)이 결성되어 독립을 주장하며 정부군과 무력 충돌을 벌였다. 중앙 정부는 이러한 분리주의 문제를 효과적으로 해결하지 못했고, 민다나오의 갈등은 국가 전반의 불안정을 심화시켰다. 마르코스는 공산주의 반군과 무슬림 분리주의를 결합하여 "필리핀이 체제 붕괴 위기에 처해 있다"는 안보 논리를 강화했다.

1970년대 초반, 정치적 반대 세력은 마르코스 정권에 대한 강력한 도전 세력이 되었다. 1965년 대통령에 당선되고 1969년 재선에 성공한 마르코스는 점점 독재적 성향을 드러냈다. 이에 따라 학생과 노동자들이 주도하는 반정부 시위가 확산되었다. 1970년 "첫 분노의 날(Day of Rage)"로 불리는 시위에서는 수천 명의 학생들이 정부의 부패와 불평등에 항의하며 거리로 나섰다. 1971년 보도강 사건에서는 야당 집회 중 폭탄이 터져 다수의 사상자가 발생했는데, 이 사건은 정치적 갈등을 심화시키며 계엄령 선포의 빌미로 활용되었다. 야당은 마르코스 정권이 부패와 독재로 흐르고 있다고 비판하며 대중적 지지를 얻었고, 마르코스는 이를 정권 유지에 대한 심각한 위협으로 인식했다.

경제적 불안도 계엄령 선포의 중요한 배경이었다. 마르코스 정부는 경제 개발을 위해 대규모 외채를 도입했지만, 부패와 비효율적인 관료제로 인해 성과를 내지 못했다. 대규모 토지 소유 구조로 인해 농촌에서는 빈곤과 불평등이 심화되었고, 도시에서도 사회적 갈등이 증가했다. 인플레이션과 높은 실업률은 국민의 불만을 증폭시켰다. 이러한 경제적 어려움은 반정부 시위를 더욱 부채질하며 정권에 대한 도전을 강화했다.

헌법에 따르면 마르코스는 1973년 이후 대통령직을 유지할 수 없었다. 그러나 그는 권력을 연장하기 위해 계엄령이라는 극단적인 조치를 선택했다. 계엄령 선포를 통해 헌법을 개정하고, 대통령의 임기 제한을 철폐하며 무제한 집권 체제를 구축했다. 마르코스는 계엄령 하에서 야당 정치인을 체포하고, 언론을 철저히 통제하며 정권 비판 활동을 억압했다. 그의 부인 이멜다 마르코스는 정권의 지지 기반을 공고히 하며 계엄령이 필리핀의 "질서와 안정"을 보장한다고 주장했다.

1972년 9월 21일, 마르코스는 계엄령을 선포하며 필리핀의 새로운 체제를 선언했다. 그는 공산주의 반란과 무슬림 분리주의, 경제적 혼란, 정치적 불안을 이유로 계엄령을 정당화했다. 그러나 실제로는 자신의 정권을 유지하고, 정치적 반대 세력을 제거하며 독재 체제를 구축하려는 의도가 강했다. 계엄령 하에서 필리핀 국민의 기본권은 심각하게 제한되었고, 이는 마르코스 정권이 국민적 저항과 국제적 비판을 받는 주요 원인이 되었다.

마르코스 정권의 계엄령은 필리핀 역사에서 가장 논란이 많은 시기로, 국가 안보와 질서를 회복한다는 명분 아래 이루어졌다. 하지만 이 조치는 공산주의 반란과 무슬림 분리주의 같은 실제 위기보다 정권 연장을 위한 전략적 도구로 활용되었다는 평가를 받는다. 이 사례는 비상조치가 어떻게 남용될 수 있는지를 보여주며, 민주적 통제와 법적 견제가 비상권 남용을 막는 데 얼마나 중요한지를 일깨우는 교훈을 남겼다.

태국의 군부 정치

태국은 군부 쿠데타와 정치적 혼란이 빈번한 나라로, 비상계엄이 여러 차례 선포되었다.

태국 군부는 정치적 혼란과 대규모 시위를 이유로 비상계엄을 선포했다. 이후 군사정부가 수립되었고 헌정 체제가 중단되었다. 언론 검열, 집회 금지, 군사법원의 강화 등이 이루어졌으며, 정치적 반대 세력은 강력히 억압되었다.

인도의 긴급조치, 민주주의를 뒤흔든 어두운 시대

인도는 1975년부터 1977년까지 긴급조치Emergency를 통해 사실상 비상계엄과 유사한 체제를 경험했다. 당시 총리였던 인디라 간디는 선거 부정 논란과 정치적 압박에 직면하자 헌법에 따라 긴급조치를 선포하고, 총리로서의 권한을 대폭 확대했다. 이 조치에 따라 언론 검열이 강화되었고, 정치적 반대 세력은 대거 체포되었으며, 집회와 시위가 금지되었다.

이 기간 동안 민주주의의 기본 권리가 심각히 제한되었고,

인디라 간디 정권은 독재적 통치 형태로 비판받았다. 긴급조치는 인도의 민주주의 역사에서 어두운 시기로 평가받으며, 이후 인디라 간디는 선거에서 패배해 정권을 잃었다. 이는 긴급조치가 인도의 민주적 가치를 훼손했다는 강한 비판을 받는 계기가 되었다.

파키스탄, 비상계엄과 민주주의의 반복된 위기

파키스탄은 군부 통치가 잦았던 국가로, 여러 차례 비상계엄이 선포된 역사를 가지고 있다.

1977년과 1999년에 발생한 두 차례 군사 쿠데타는 헌정체제를 중단시키며 비상계엄 체제를 수립했다. 군부는 헌법을 무력화하고 국가를 직접 통치했으며, 이를 통해 정치적 반대세력을 억압하고 자신들의 권력을 강화했다.

2007년에는 당시 대통령 페르베즈 무샤라프가 대법원의 판결을 무효화하고 비상계엄을 선포하여 또 한 번의 정치적 혼란을 초래했다. 이 과정에서 그는 사법부와 정치적 반대 세력을 탄압하며 자신의 권력을 유지하려 했다.

파키스탄의 군부 통치와 비상계엄은 정치적 불안정을 심화시켰고, 민주주의 발전에 심각한 제약을 가했다. 이러한 상황은 군부가 국가 통치 구조를 장악하면서 정치적 혼란과 시민의 기본권 제한을 반복적으로 초래한 사례로 평가된다.

이집트, 장기 위기 대응이 민주주의에 남긴 상처

이집트는 정치적 위기와 테러 위협으로 인해 장기간 비상계엄 체제를 유지한 사례가 있다.

1967년 중동전쟁 이후, 당시 대통령이었던 나세르 정권에서 비상계엄이 선포되었고, 이 체제는 무바라크 정권(1981~2011년)까지 지속되었다. 비상계엄하에서는 언론과 표현의 자유가 심각히 제한되었으며, 대규모 체포와 집회 금지 조치가 이루어졌다. 이러한 조치는 정권의 안정성을 유지하기 위한 명분으로 실행되었으나, 국민의 기본권을 심각히 침해했다는 비판을 받았다.

2011년 아랍의 봄 운동으로 무바라크 정권이 몰락하면서, 비상계엄은 잠시 해제되었다. 그러나 이후 정권 교체와 함께 이집트는 다시 비상계엄 체제를 재도입하며, 정치적 혼란과 권위주의적 통치가 지속되었다. 이집트의 비상계엄 사례는 장기간의 위기 대응이 민주주의와 시민의 권리를 얼마나 심각하게 제한할 수 있는지를 보여준다.

남아프리카공화국, 아파르트헤이트와 국제적 고립의 교차점

남아프리카공화국은 아파르트헤이트(인종차별정책) 체제 동안 여러 차례 비상계엄을 경험했다.

1980년대에 대규모 반아파르트헤이트 시위가 발생하자, 남아프리카공화국 정부는 비상계엄을 선포하고 무력으로 시위를 진압했다. 비상계엄 하에서는 언론이 철저히 통제되었고, 군대가 치안을 유지하며 시위를 강경하게 진압했다. 이와 함께 정치적 반대 세력을 대거 체포하는 등 강압적인 조치가 이루어졌다.

그러나 이러한 비상계엄 조치는 인종차별 정책에 대한 국제적 비난을 더욱 강화하는 결과를 초래했다. 국제사회는 남아프리카공화국을 고립시키며 경제 제재와 외교적 압력을 가했고, 이는 결국 아파르트헤이트 체제의 붕괴로 이어졌다. 남아프리카공화국의 비상계엄 사례는 권위주의적 통치가 사회적 저항과 국제적 비난을 불러와 체제 유지에 실패할 수 있음을 보여주는 대표적 사례로 평가된다.

칠레, 피노체트의 비상계엄

칠레는 1973년 아우구스토 피노체트가 쿠데타를 일으키고 비상계엄을 선포한 사례로 널리 알려져 있다.

쿠데타 직후, 피노체트는 계엄령을 선포하여 의회를 해산하고 국가의 모든 권력을 군부가 장악했다. 이 과정에서 언론과 시민의 자유는 철저히 억압되었고, 피노체트 정권(1973~1990년) 동안 독재적 통치가 이어졌다.

비상계엄 하에서는 정치적 반대 세력과 좌익 인사들이 대거 체포되었으며, 이들 중 많은 이들이 고문과 처형을 당하는 등 심각한 인권 침해가 빈번히 발생했다. 이러한 강압적인 조치는 피노체트 정권의 권력을 공고히 하는 데 기여했지만, 동시에 국내외적으로 큰 비판과 저항을 불러일으켰다.

피노체트의 통치는 칠레 민주주의에 깊은 상처를 남겼으며, 그의 독재는 국가적 갈등과 인권 유린의 상징으로 기억된다. 이후 칠레는 과도 정부와 민주화 과정을 거치며 비상계엄이 해제되었고, 점진적으로 민주주의 체제를 회복했다. 이 사례는 비상계엄이 권력 강화를 위한 도구로 남용될 경우, 사회적 상처와 민주주의의 후퇴를 초래할 수 있음을 보여준다.

미얀마, 군부 통치와 민주화 투쟁의 교차로

미얀마는 군부 통치로 인해 여러 차례 비상계엄이 선포된 역사를 가진 국가이다.

2021년, 미얀마 군부는 아웅산 수치가 이끄는 민주주의 정부를 전복하고 쿠데타를 일으켰다. 군부는 곧 비상계엄을 선포하여 국가를 장악했으며, 이를 통해 자신들의 권력을 공고히 했다.

비상계엄 하에서는 인터넷 차단과 언론 검열이 강화되었고, 군사 정권에 반대하는 대규모 시위가 발생하자 군부는 강경 진압에 나섰다. 수천 명의 시민들이 체포되었으며, 시위와 저항운동은 폭력적으로 진압되었다. 이러한 조치는 미얀마 전역에서 민주화 요구를 더욱 고조시켰으며, 국제사회의 강한 비난을 초래했다.

군사 정권에 대한 국내외적 비판이 커지고 있는 가운데, 미얀마 시민들은 군부 통치에 저항하며 민주주의 회복을 요구하는 운동을 지속하고 있다. 이 사례는 비상계엄이 권위주의 체제를 강화하는 데 이용될 수 있지만, 동시에 시민 저항과 국제적 고립을 초래할 수 있음을 보여준다.

Chapter 03

비상계엄의 철학적 배경

The Philosophical Foundations

비상계엄은 국가의 생존과 질서를 위협하는 극단적 상황에서 국가 권력이 정상적인 법적 절차를 일시적으로 유보하고 특별한 조치를 취하는 제도이다. 이 개념은 법학과 정치철학에서 오랜 역사를 가지고 있으며, 루소, 홉스, 슈미트와 같은 철학자들의 사상 속에서 다각도로 논의되곤 했다. 각 철학자의 이론을 토대로 비상권의 필요성과 남용의 위험을 필자의 관점에서 재해석하며 제도의 철학적 근거를 제시한다.

플라톤

플라톤의 이론과 비상계엄은 주로 국가의 안정과 공공선을 위한 필요성과 관련된 논의에서 맥이 같다. 플라톤은 저서인 『국가론』에서 이상적인 사회를 구축하기 위한 '철인정치'를 주장했다. 즉, 통치자가 철학적 지혜와 도덕적 기준을 가지고 국가를 이끌어야 한다는 원칙에 기반은 둔다는 것이다. 그는 대중이 종종 감정적이고 비이성적인 결정을 내릴 수 있다고 경고하며 지도자의 역할을 강조했다. 이러한 플라톤의 철학은 비상계엄을 이해하는 데 중요한 귀감이 된다.

국가의 생존과 질서 우선

플라톤의 철인정치는 국가의 생존과 질서가 개인의 자유보다 우선해야 한다는 관점을 바탕으로 한다. 비상계엄 역시 극단적 위기 상황에서 국가의 생명과 질서를 지키기 위한 최후의 수단으로 사용될 수 있다. 예컨대, 1950년 한국전쟁 당시, 공산주의 세력의 침공을 막기 위해 비상계엄이 발동되었을 때 이는 플라톤의 철인정치처럼 국가의 공공선(공동체의 이익)을 우선시하는 선택으로 볼 수 있다. 플라톤이 주장하는 대로, 혼란에 빠진 대중을 이끄는 강력한 지도력의 필요성을 반영한다고 할 수 있다.

위기의 상황에서의 지도자 역할

플라톤은 대중이 비이성적인 선택을 할 위험을 우려했는데, 비상계엄 역시 대중이 감정적이고 비합리적인 판단을 내릴 가능성이 있는 상황에서 합리적이고 신속한 결단을 내릴 수 있는 강력하고 명석한 지도자의 역할을 강조하는 측면이 있다. 비상계엄을 선포하는 권한은 정부에 집중된다. 이때 지도자는 공공의 안전과 질서를 지키기 위한 결단을 내려야 한다.

자유와 공공선의 균형

비상계엄은 개인의 자유를 제한할 수 있으나 국가의 생명과 공공선을 보호하기 위한 일시적인 조치로 이해할 수 있다.

플라톤의 철인정치에서처럼, 공공선을 지키기 위한 강력한 지도자의 역할이 중요하게 여겨지며 비상계엄도 이를 위한 임시적 도구로 볼 수 있다.

반면 플라톤의 철인정치에는 권위주의적 성격이 내포되어 있다. 비상계엄이 남용될 경우 권력의 집중과 민주주의의 침해로 이어질 위험이 아주 없는 것은 아니다. 플라톤이 말한 대로, 철인이지만 권력 남용의 위험이 있다는 사실을 의식해야 하고 비상계엄도 최소한으로 사용되어야 한다는 점에서 플라톤의 이론이 경고하는 바도 감안해야 할 것이다.

철인정치

플라톤의 철인정치(Philosopher-King)는 『국가론』에서 제시된 정치 이론으로, 이상적인 국가를 운영하는 가장 바람직한 방법을 밝혔다. 철인정치는 철학자가 국가의 지도자가 되어 지혜와 도덕적 기준을 바탕으로 국가를 이끌어야 한다는 주장을 중심으로 한다. 이는 민주주의에서 대중의 비이성적 선택을 경계하고, 국가의 안정과 공공선을 지키기 위해 지혜롭고 도덕적인 지도자의 역할을 강조하는 이론이다.

철인정치의 기본 개념

철인정치에서 '철인'은 단순히 지적 능력이 뛰어난 사람이 아니라, 도덕적 지혜와 정의로운 성격을 갖춘 지도자를 의미한다. 철인정치의 핵심은 정치적인 지도자가 철학적인 지혜를 바탕으로 국가의 공공선을 추구한다는 점이다. 이때 지도자는 국가의 목적과 사람들의 복지를 위해 자신이 가진 권력을 남용하지 않고, 올바른 통치를 통해 사회의 조화와 질서를 유지한다.

철인정치의 이론적 근거

플라톤은 인간의 영혼을 세 부분으로 구분했다. 이성과 기개와 욕망인데, 각 부분은 지혜와 용기 및 절제의 미덕과 대응된다. 플라톤은 이 이론을 통해 이성이 영혼의 지배자가 되어야 한다고 주장한다. 마찬가지로, 국가에서 이성을 갖춘 지도자가 국가의 질서와 공공선을 지키는 역할을 맡아야 한다고 보았다.

이성(지혜)_철학자들이 대표하는 미덕으로, 올바른 판단을 내릴 수 있는 능력이다.

기개(용기)_국가를 보호하는 군인들이 대표하는 덕목으로, 공정하게 행동하고 나라를 지키기 위해 용기 있게 싸울 수 있는 역량을 뜻한다.

욕망(절제)_노동자나 생산자들이 대표하는 덕목으로, 개인의 욕망을 절제하고 공공의 이익을 위해 헌신할 수 있는 능력을 의미한다.

플라톤은 이성이 지배하는 사회에서 기개와 욕망이 조화를 이루며 이상적인 국가가 성립된다고 보았다. 이를 철인정치로 실현하려면 철학자 왕이 국가를 통치해야 한다고 주장한다.

철인정치의 구현

플라톤은 국가의 지도자가 철학자 왕이어야 한다고 주장한다. 철학자 왕은 국가를 위한 최고의 지혜를 발휘하며 자신을 극복하고 공공선을 추구하는 인물이어야 한다. 그는 자신의 권력을 남용하지 않고 국가의 질서와 공공선을 우선시하며, 이상적인 교육을 통해 훈련을 받아 철학적 사고와 도덕적 판단 능력을 갖추게 된다.

철인정치와 민주주의

플라톤은 대중 민주주의가 비이성적이고 감정적인 결정을 내릴 위험이 있다고 경고한다. 그는 대중이 감정과 욕망에 의해 영향을 받을 수 있다고 보았고, 그로 인해 국가의 질서와 공공선이 위험에 처할 수 있다고 주장했다. 즉, 대중의 의지보다는 지혜로운 지도자의 결단이 더 중요하다고 본 것이다.

플라톤의 철인정치는 현대 민주주의와는 다른 점이 많다. 그는 대중의 참여보다는 철학적 지도자에 의한 통치를 더 이상적인 모델로 여겼다. 하지만 이론상으로는 최고의 지혜를 가진 지도자가 국가를 이끌어야 한다는 점에서 비상계엄과 같은 극단적 조치나, 권위적 리더십이 필요할 때 합리적인 관점을 제시할 수 있다. 비상계엄은 국가의 안보와 질서를 지키기 위한 조치로, 위기 상황에서 지혜롭고 도덕적인 지도자가 신속하고 효율적으로 결단을 내려야 하는 상황에 부합하기 때문이다. 특히 비상계엄이 필요할 때, 지속적인 국가의 질서 유지와 국민의 자유 보호를 위해 철인정치의 지도자가 중요한 역할을 할 수 있을 것이다.

철인정치의 한계

물론, 철인정치에는 권력 남용의 위험이 존재한다. 플라톤의 이론에서, 철인이 지나치게 자기 권력을 확립하고 비합리적인 결단을 내릴 가능성도 배제할 수 없다는 것이다. 비상계엄이 남용될 위험과도 일맥상통하는 대목이다.

한국전쟁 당시는 어떤 정치가 필요했나?

1950~60년대 대한민국은 냉전의 한가운데에서 심각한 이념적 대립과 혼란을 겪고 있었다. 국민의 약 70퍼센트가 공산주의에 호감을 보였다는 연구는 당시 사회가 얼마나 좌경화되었는지를 보여주는 상징적인 사례다. 전쟁과 가난, 그리고 불확실한 미래 속에서 공산주의의 평등적 이상이 대중에게 매력적으로 보였을 수 있지만, 이는 대한민국의 자유민주주의 체제를 위협하는 심각한 문제였다. 이러한 상황에서 플라톤의 철인정치와 비상계엄은 국가와 체제를 보호하기 위한 중요한 철학적, 실질적 장치를 제공한다.

플라톤의 철인정치는 통치자가 대중의 감정적이고 비이성적인 선택을 보완해야 한다는 원칙에 기반을 둔다. 플라톤은 대중이 혼란에 휩싸여 옳고 그름을 판단하지 못할 가능성을 우려했다. 그에 따르면, 철학적 지혜와 도덕적 기준을 갖춘 지도자가 국가의 공공선을 위해 대중을 이끌어야 하며, 이를 통해 사회의 안정과 번영을 유지할 수 있다. 이는 대중의 자유가 아닌, 국가의 존립과 질서를 우선시하는 보수적 관점과 연결된다.

비상계엄 역시 이러한 맥락에서 이해할 수 있다. 비상계엄은 극단적인 위기 상황에서 발동되어 국가의 안보와 공공질서를 회복하기 위한 제도적 장치다. 1950년 한국전쟁 당시 발동된 비상계엄은 공산주의 세력의 침공으로부터 국가를 보호하고, 체제를 유지하기 위해 필수적이었다. 비상계엄은 단순한 법적 조치가 아니라, 자유민주주의를 지키기 위한 마지막 방어선이었다. 이는 플라톤의 철인정치가 강조하는 국가의 생존과 공공선의 우선성과 일치한다.

특히, 대한민국이 공산주의의 위협 속에 있던 시기에 비상계엄은 자유민주주의 체제를 수호하기 위한 불가피한 선택이었다. 당시 국민의 다수가 공산주의에 매료되었다는 점은 대중의 판단이 항상 현명하지 않을 수 있음을 보여준다. 플라톤이 주장했듯, 대중은 때로 비합리적이며 감정에 치우친 선택을 할 수 있고, 이는 국가의 존립을 위협할 수 있다. 따라서, 비상계엄은 이러한 위기 상황에서 질서를 회복하고 체제를 안정시키는 데 필수적인 역할을 했다.

보수 우파는 비상계엄을 단순히 권력 집중이나 자유 제한의 수단으로 보지 않는다. 오히려 그것은 민주주의와 국가 안보를 지키기 위한 도구로 이해된다. 1950~60년대 대한민국은 공산주의 세력의 침투와 내부 혼란 속에서 체제 붕괴의 위기를 맞았고, 이를 극복하기 위해 강력한 지도력과 비상조치가 필요했다. 비상계엄은 이러한 위기 상황에서 체제를 방어하는 동시에 국민의 생명과 재산을 보호하기 위한 수단이었다.

물론, 비상계엄은 남용될 위험이 있으며, 이는 보수 우파 역시 경계해야 할 부분이다. 그러나 보수 우파는 비상계엄이 국가의 존립과 체제를 지키기 위해 필요한 경우에 발동될 수 있다고 본다. 비상계엄이 성공적으로 작동하기 위해서는 헌법적 근거와 명확한 발동 조건, 그리고 적절한 견제와 투명성이 필요하다. 이러한 조건 아래에서 비상계엄은 국가를 위기에서 구하고 자유민주주의 체제를 지속시키는 데 기여할 수 있다.

결론적으로, 1950~60년대 대한민국의 상황은 대중의 비합리성을 보완하고 체제를 수호하기 위해 비상계엄이 불가피한 선택이었음을 보여준다. 플라톤의 철인정치와 비상계엄은 모두 국가의 안정과 공공선을 위해 대중의 선택을 초월하는 강력한 지도력이 필요하다는 점에서 유사하다. 보수 우파는 비상계엄을 체제를 지키기 위한 필요악으로 간주하며, 그 정당성과 효율성은 위기의 성격과 실행 방식에 따라 평가될 수 있다고 본다.

토마스 홉스

"국가의 생존이 최우선"

홉스의 관점에서 국가의 생존은 개인의 자유보다 우선한다. 그는 인간이 본래 "만인의 만인에 대한 투쟁" 상태에 있다고 보았으며, 이를 벗어나기 위해 사람들이 서로의 생명과 안전을 보장하는 사회계약을 맺는다고 설명했다. 이러한 계약에 따라 개인은 주권자에게 권한을 위임하며, 주권자는 국가의 안전과 생존을 보장하기 위해 필요한 모든 권한을 행사할 수 있다. 홉스는 이러한 맥락에서 비상권이 정당성을 갖는다고 보았다.

국가가 혼란에 빠지거나 외부 위협에 직면할 경우, 주권자는 질서를 회복하고 사회의 안정을 유지하기 위해 비상권을 발동할 수 있다. 이는 단순히 권력을 강화하기 위한 목적이 아니라, 사회의 생존과 안녕을 보장하기 위해 필요하다고 간주되었다. 홉스는 주권자가 이 권력을 행사하지 않는다면, 국가와 사회가 혼란에 빠져 계약의 본질이 무너질 것이라고 경고했다. 비상계엄은 이러한 상황에서 질서 회복의 도구로 정당화될 수 있다.

홉스는 비상권의 행사가 국가의 생존을 위한 것이어야 하며, 주권자의 권한은 계약에 의해 제한되지 않는다고 보았다. 즉, 비상권은 평소의 법적 절차를 초월하여 작동할 수 있는 특별한 권한이다. 물론 이러한 권한은 개인의 자유를 침해할 가능성을 내포하기 때문에, 홉스의 사상은 현대적 관점에서 권력 남용의 위험과 연결된 논란을 불러일으키기도 한다.

*** 만인의 만인에 대한 투쟁**

"만인의 만인에 대한 투쟁"은 토마스 홉스(Thomas Hobbes)*가 그의 저서 *리바이어던*(Leviathan)**에서 사용한 개념으로, 인간이 자연 상태*(state of nature)*에서 겪게 되는 혼란스러운 상태를 묘사한 표현이다. 이는 홉스의 사회계약 이론에서 중요한 출발점이며 개인이 국가라는 조직을 필요로 하는 이유를 설명하는 핵심 개념이다.*

자연 상태란 무엇인가?

자연 상태는 사회적 계약이나 법이 존재하지 않는 상태, 즉 국가나 정부가 없는 인간 사회를 가리킨다. 홉스는 인간이 본질적으로 자기 이익을 추구하는 존재이며, 자연 상태에서는 자신의 생존과 이익을 위해 다른 사람들과 끊임없이 경쟁하고 충돌한다고 보았다. 이 상태에서는 "법"도 없고 "권리"도 보장되지 않으며, 결과적으로 무질서와 폭력이 난무하게 된다는 것이다.

만인의 만인에 대한 투쟁

홉스는 자연 상태에서 인간의 삶을 이렇게 요약했다.

경쟁(Competition)_인간은 자신의 생존과 자원을 위해 다른 사람들과 싸운다.

불신(Diffidence)_생존 본능 때문에 서로를 믿지 못하며, 항상 다른 사람의 위협을 염두에 두고 살아간다.

영광(Glory)_자기 명예와 지위를 유지하기 위해 충돌이 발생한다.

결과적으로, 자연 상태는 다음과 같은 특징을 갖는다.

"계속되는 공포와 폭력적인 죽음의 위험." 삶은 "고독하고, 가난하며, 불쾌하고, 잔혹하고, 짧다." 이런 상태를 홉스는 "만인의 만인에 대한 투쟁(bellum omnium contra omnes)"으로 표현하며, 인간이 법과 국가를 통해 이 상태에서 벗어나야 한다고 주장했다.

홉스의 해결책_사회계약과 국가

홉스는 자연 상태의 혼란을 해결하기 위해 인간은 사회계약을 통해 자신의 일부 자유를 주권자에게 위임해야 한다고 보았다. 이 계약에 의해 형성된 국가(홉스는 이를 "리바이어던"이라고 표현)는 다음과 같은 역할을 수행한다.

개인 간의 충돌을 방지하고 질서를 유지한다. 법과 제도를 통해 개인의 생명과 재산을 보호한다. 비상권(비상계엄 등)이 있다면 필요 시 이를 통해 사회적 안정과 생존을 보장한다.

장 자크 루소

"공공선과 주권"

루소는 그의 저서 『사회계약론』에서 공공선을 위해 개인의 자유가 제한될 수 있음을 주장했다. 그는 공동체의 생존을 위해 때로는 특별한 권한이 필요하다고 보았으나, 이를 정당화하기 위해 민주적 정당성과 공동체의 의지를 강조했다.

루소는 비상권이 국민의 일반의지에 기반해야 한다고 보았으리라. 일반의지는 국민 전체의 공공선을 반영하는 집단적 의지를 뜻하며, 이는 개인의 이익이나 특정 집단의 권력을 위한 것이 아니라 공동체의 이익을 최우선으로 한다. 따라서 루소는 비상권이 특정 개인이나 집단의 권력 남용으로 이어져서는 안 된다고 주장했을 성싶다. 비상권은 공공선을 위한 수단으로서만 정당성을 가질 수 있으며, 이를 벗어나 남용될 경우 민주주의와 공동체의 근본적인 가치를 훼손할 위험이 있다고 경고했을 것이다.

루소는 비상권이 발동되는 경우에도 명확한 한계가 있어야 한다고 강조했다. 그는 비상권이 제한적으로 행사되어야 하며 국민의 감시와 동의를 통해 견제되어야 한다고 보았다. 루소의 관점에서는 주권은 국민 전체에게 있으며, 비상권도 이 주권의 범위를 넘어서서는 안 된다. 즉, 비상권이 일시적으로 필요하더라도 그 발동과 종료는 국민의 동의와 검토를 받아야 하며 법적·제도적 장치를 통해 권력의 오남용을 방지해야 한다고 주장했을 공산이 크다.

또한 루소는 어떤 권한이 발동될 경우, 그 권한의 범위와 목적이 명확히 정의되어야 한다고 보았다. 공공선을 위한 비상권은 공동체의 생존과 질서를 유지하기 위한 임시적 조치일 뿐, 이를 통해 권력이 영구화되거나 독재로 변질되는 것은 용납될 수 없다고 경고했기 때문이다. 그는 비상권에 준하는 권한은 공동체를 보호하는 도구로서 작동해야 하며, 국민이 이러한 권한 때문에 자신의 주권이 침해당하지 않도록 철저히 감시하고 견제할 것을 요구했다.

루소의 이러한 입장은 비상계엄과 같은 극단적 상황에서 민주주의가 어떻게 유지될 수 있는지에 대한 기본적인 개념을 제시한다. 그는 비상권이 법과 공동체의 신뢰를 기반으로 발동되어야 하며, 비상 상황이 끝난 후에는 즉각적으로 정상적인 법치 체제로 복귀해야 한다고 주장할 것으로 추정된다. 그래야만 비상권이 남용되지 않고 민주적 가치와 조화를 이루며 작동할 수 있다고 보았을 테니까.

칼 슈미트

"주권자가 비상상황을 결정한다"

칼 슈미트는 그의 저서 『정치신학』에서 "비상 상황을 결정하는 자가 주권자"라는 명제를 통해 주권의 본질과 비상권의 성격을 논의했다. 그는 비상상황이란 법과 질서가 붕괴될 위기에 처한 순간으로, 이러한 위기를 해결하기 위해서는 정상적인 법 체계가 아닌 주권자의 결단이 필요하다고 주장했다. 슈미트에게 주권은 단순히 법을 집행하거나 관리하는 역할을 넘어, 법 자체를 초월하여 질서를 재구축할 수 있는 권력을 의미한다. 이 점에서 그는 비상권을 국가의 본질적 권력으로 간주했다.

슈미트는 비상권을 '예외 상태'의 맥락에서 설명했다. 그는 예외 상태란 정상적인 법 체계가 적용되지 않는 상황으로, 법적 질서를 유지하기 위해 법 바깥의 결단이 필요할 수 있다고 보았다. 비상계엄은 바로 이러한 예외 상태에서 정당화된다고 주장했다. 예외 상태는 법의 효력이 정지되는 상황이지만, 동시에 새로운 법적 질서를 수립하기 위한 과정으로 간주된다. 슈미트는 이를 통해 비상권이 법적 정당성을 초월하는 주권자의 권력임을 강조했다.

그러나 슈미트의 이론은 근본적으로 '위험성'을 내포하고 있다. 그는 비상권이 남용될 경우, 독재적 정권이 이를 자신들의 권력을 영구히 강화하는 도구로 활용할 수 있음을 인정했다. 특히 주권자의 결단이 법적 절차나 민주적 통제를 벗어날 경우, 권력 남용의 위험이 크게 증가한다. 슈미트는 이러한 위험성을 인지하고, 비상권이 정당성을 유지하려면 반드시 국가의 생존이라는 명확한 목적을 가져야 한다고 강조했다. 비상권은 오직 국가의 안정을 회복하고 공동체를 보호하기 위한 도구로서만 정당화될 수 있으며, 이를 벗어날 경우 민주주의와 법치주의를 심각하게 훼손할 가능성이 있다고 보았다.

또한, 슈미트의 비상권 이론은 현대 정치에서 독재 정권과 민주주의 간의 갈등을 설명하는 중요한 틀을 제공한다. 그의 사상은 비상상황에서 법과 정치의 경계를 탐구하며, 주권자의 역할과 권한을 새롭게 정의하는 데 기여했다. 그러나 그의 이론이 독재적 권력의 정당화에 악용될 가능성도 높아, 민주적 체제에서 비상권을 어떻게 관리하고 통제할 것인가에 대한 지속적인 논의가 필요하다. 이러한 점에서 슈미트의 비상권 논의는 단순히 권력의 본질을 탐구하는 데 그치지 않고, 현대 민주주의의 한계를 드러내고 이를 보완하기 위한 시사점을 제공한다.

철학적 시사점

비상계엄에 대한 철학적 논의는 현대사회에서 법치와 민주주의를 유지하면서도 국가의 생존을 보장하기 위한 중요한 통찰을 제공한다. 이 논의는 비상계엄이 단순히 권력의 도구가 아니라, 공동체의 생존과 공공선을 위한 도구로서 어떻게 작동해야 하는지에 대한 방향성을 제시한다. 홉스, 루소, 슈미트와 같은 사상가들은 각기 다른 관점에서 비상권의 필요성과 한계를 설명하며, 이 개념이 오늘날에도 여전히 유효한 논쟁의 중심에 있음을 보여준다.

국가 생존과 개인 자유의 균형은 비상권 논의의 핵심이다. 홉스는 국가의 생존이 개인의 자유보다 우선한다고 주장하며, 생존을 보장하기 위해 주권자가 비상권을 발동할 수 있어야 한다고 보았다. 그는 무질서와 혼란을 방지하기 위해 강력한 권력이 필요하다고 강조하며, 비상권의 행사를 정당화했다. 반면, 루소는 비상권이 발동되더라도 공공선을 위한 것이어야 하며, 민주적 정당성을 확보해야 한다고 주장했다. 루소에게 비상권은 국민의 일반의지에 근거하여 제한적으로 행사되어야 하며, 권력 남용으로 이어져서는 안 된다.

비상권과 법의 관계는 주권자의 역할과 권한의 범위를 규정하는 데 중요한 문제를 제기한다. 슈미트는 비상권이 법을 초월하는 주권자의 결정적 권력임을 강조하며, 비상 상황에서는 법적 규칙보다 주권자의 결단이 우선한다고 주장했다. 이는 비상권의 발동이 법적인 정당성을 넘어서는 권력을 수반할 수 있음을 의미하며, 그로 인해 권력 남용의 위험성이 동반될 수 있다. 그러나 현대 민주주의에서는 비상권이 법치주의와 어떻게 조화를 이룰 수 있는지에 대한 심도 깊은 논의가 필요하다.

비상권의 발동과 집행 과정에서 시민의 역할은 민주주의와 법치주의를 유지하는 데 필수적이다. 루소는 비상권이 공동체의 의지와 국민의 동의에 의해 견제되어야 한다고 보았다. 이는 현대 민주주의에서 시민 감시의 중요성을 환기한다. 시민들은 비상계엄의 필요성을 인정하면서도, 그 실행 과정에서 권력이 남용되지 않도록 지속적인 감시와 비판적 사고를 유지해야 한다. 이를 통해 비상계엄은 공동체의 생존과 공공선을 위해 작동하면서도 민주적 가치를 훼손하지 않을 수 있다.

결국, 비상권은 국가의 생존과 개인의 자유 사이에서 균형을 찾으려는 노력의 결과로 나타난 개념이다. 이러한 논의는 비상계엄이 언제, 어떻게, 그리고 어떤 한계 내에서 발동되어야 하는지를 결정하는 데 중요한 철학적 기준을 제공한다. 이를 통해 현대사회는 비상 상황에서도 민주적 가치와 법치주의를 유지하면서 국가의 안정과 질서를 보호할 수 있는 방안을 모색할 수 있다.

이마뉴엘 칸트

인권의 본질적 보호

이마뉴엘 칸트Immanuel Kant의 철학에서 인간의 존엄성과 자유는 매우 중요한 개념이다. 그는 인간은 목적 자체로서 다른 사람의 수단으로 사용되어서는 안 된다고 강조했다. 즉, 인간의 가치와 권리는 다른 사람이나 사회의 목적을 위해 침해되거나 희생되어서는 안 된다는 원칙을 따른다는 것이다. 칸트는 이를 "목적의 법칙"이나 "인격의 존엄성"이라고 불렀다.

칸트의 윤리학에서 정당한 행동은 항상 인간을 목적 자체로 대우하고 타인의 자유와 존엄성을 존중하는 것이다. 인간은 자율적이고 도덕적 존재로서 자신의 목적을 추구할 수 있는 권리를 가지고 있으며 타인의 자유도 마찬가지로 보호받아야 한다. 칸트는 도덕법칙(정언명법Categorical Imperative)을 통해, 사람들은 자신이 행동하는 방식이 모든 사람에게 동일하게 적용될 수 있어야 한다고 주장했다.

비상계엄이 인간의 존엄성을 침해하지 않기 위해서는 그 실행이 최소한의 자유 제한만을 허용하고 공공의 안전과 질서를 회복하는 데 필요한 정당한 목적을 가져야 한다. 칸트적 관점에서 비상계엄은 시민의 권리를 억압하거나 의도적으로 희생하는 방식으로 실행될 수 없으며, 인간의 자율성을 침해해서는 안 된다. 즉, 인간을 수단으로 사용하거나 과도한 자유 제한을 통해 인간의 존엄성을 훼손하는 것은 도덕적으로 정당화될 수 없다는 것이다.

존 롤스

정치적 실용주의

존 롤스John Rawls의 '정의론'은 공정한 사회를 만들기 위한 원칙들을 제시한다. 특히 사회적, 경제적 불평등을 다루는 방식에서 인사이트를 준다. 롤스의 이론에서 핵심은 공정성과 최소 수혜자의 권리 보장이다. 비상계엄에 이를 적용할 때는 비상계엄이 국가의 안보와 공공질서 유지를 위한 조치로 사용될 수 있지만 사회에서 가장 취약한 계층이나 기본권을 가진 시민들의 권리가 과도하게 침해되지 않도록 해야 한다는 교훈을 얻을 수 있다.

롤스의 정의론에서는 공정성을 가장 중요한 가치로 다룬다. 그는 "공정으로서의 정의"라는 개념을 통해, 사회적 자원이나 권리 분배가 모든 사람에게 공평하게 이루어져야 한다고 주장한다. 특히, "최소 수혜자the least advantaged"의 권리가 보장되어야 한다는 원칙을 제시하고 있는데, 최소 수혜자란 사회적, 경제적 조건에서 가장 불리한 위치에 있는 사람들을 가리킨다. 롤스는 그들이 불이익을 겪지 않도록 정책을 설계해야 한다고 강조한다.

그의 주장을 적용하자면, 비상계엄이 불가피한 상황에서 도 개인의 기본권을 최대한 보장하고 필요한 제한은 최소화해야 할 것이다. 롤스의 '제1원칙(기본적 자유의 평등 보장)'과 '제2원칙(사회적, 경제적 불평등이 최소 수혜자의 이익을 증진해야 함)'의 조화를 이루는 방향으로 비상권을 설계해야 함을 시사한다.

롤스의 정의론은 비상계엄과 같은 특수한 상황에서도 공정성과 정의의 가치를 잃지 않고 정책 결정이 가장 취약한 사람들에게 미칠 영향을 중심에 두어야 함을 강조한다. 이러한 접근은 단순히 위기 관리를 넘어, 정의로운 사회로 나아가는 발판이 된다는 것이다.

에드먼드 버크

에드먼드 버크Edmund Burke는 18세기 영국의 정치 철학자로, 전통, 질서, 그리고 진화적 변화를 중시한 보수주의의 대표적 사상가이다. 그의 주장은 근본적인 사회의 안정을 지키는 것이 중요하다는 관점에서 비상계엄을 바라볼 수 있다. 비상계엄은 국가의 위기 상황에서 질서와 안보를 유지하려는 조치인 셈이다.

에드먼드 버크는 사회 질서와 전통적 체계의 붕괴를 경계하며, 기존의 질서와 법적 체제를 보호해야 한다고 주장했다. 그는 급진적 변화와 혁명을 반대하고 점진적 발전을 지지했기 때문에 비상계엄은 국가의 생명이 위태로운 상황에서 임시적인 조치로 정당화될 수 있다고 봤을 것이다. 버크는 비상계엄을 국가 안보를 지키는 수단으로는 인정하지만, 남용에 대해 우려하며 권력이 남용되거나 민주적 절차가 무시될 경우 사회 붕괴를 초래할 수 있다고 경고했을 것이다.

버크는 강력한 정부와 권위적 지도력을 지지했지만, 이는 법과 질서를 지키기 위한 것이어야 한다. 그런 맥락에서 비상계엄도 민주적 절차와 법치주의 범위 내에서 제한적으로 사용되어야 한다고 강조했을 것이다. 비상계엄은 국가의 안전과 질서를 지키기 위해 일시적으로 자유를 제한하는 경우가 많지만, 그 제한은 국가의 기본 질서와 민주적 원칙을 훼손하지 않도록 신중하게 다뤄야 한다고 생각했을 듯하다.

버크는 프랑스 혁명에 강한 반대 의견을 제시했다. 혁명적 변화가 사회적 혼란과 폭력을 초래한다고 본 것이다. 그는 급진적 변화를 억제하고 질서를 회복하는 조치로서 비상계엄을 더 긍정적으로 평가했을 것이다. 그러나 비상계엄의 사용에 있어서는 법적 근거와 민주적 감시가 필수적이라고 보고 권력의 남용을 방지하기 위해 이를 철저히 제한해야 한다고 생각했을 공산이 크다.

Chapter 04

비상계엄의 법적 배경

The Legal Framework

헌법이 보장하는 비상계엄의 권한

비상계엄은 대한민국 헌법 제77조에 명시된 대통령의 고유 권한으로, 전쟁, 내란, 사변 등 국가의 존립이 심각하게 위협받는 비상사태에서 발동된다. 이 조항은 비상 상황에서 공공질서를 유지하고 국민의 안전을 보호하기 위해 마련된 법적 근거다.

헌법은 계엄령을 발동할 수 있는 조건을 명확히 규정하고 있다. 이는 민주적 절차와 법치주의 원칙에 따라, 비상계엄이 임의적으로 남용되지 않도록 하기 위함이다.

계엄령 선포와 국회의 역할

헌법은 비상계엄의 발동과 종료 절차를 규정하여, 민주적 견제 장치를 마련하고 있다. 대통령이 비상계엄을 선포하면 즉시 국회에 보고해야 하며, 국회는 계엄령의 해제나 지속 여부를 심의할 수 있다.

국민의 기본권과 법의 한계

비상계엄은 법적으로 국민의 일부 기본권을 제한할 수 있는 권한을 부여한다. 언론, 집회, 결사, 이동의 자유 등이 일시적으로 제한될 수 있는데, 이러한 제한은 국가적 위기 상황에서 공공질서와 안보를 지키기 위해 불가피한 조치로 간주된다.

개인의 자유를 억압하려는 목적이 아니라, 더 큰 자유와 안전을 지키기 위한 일시적 조치인 셈이다. 법적 테두리 안에서 이루어지는 기본권 제한은 민주주의와 법치주의의 정신을 훼손하지 않는다. 다만, 비상계엄이 종료되면 즉시 이러한 제한은 해제되어야 하며, 집행 과정에서의 남용은 철저히 조사되어야 한다.

비상계엄의 책임과 사후 평가

법은 비상계엄의 종료와 그 과정에 대한 평가를 명확히 규정하고 있다. 비상계엄이 해제되면, 정부는 그 집행 과정과 결과를 국민과 국회에 보고하고 필요시 책임을 물어야 한다. 보수 우파는 이러한 책임 체계가 비상계엄의 남용을 방지하고 국민의 신뢰를 유지하는 데 중요하다고 본다.

비상계엄은 위기 상황에서 법적 질서를 회복하고, 국가를 안정시키기 위한 도구다. 그러나 이 도구가 오용되었을 경우, 국민과 국회는 법에 따라 이를 바로잡을 권리를 가진다. 이는 법치주의와 자유민주주의 체제의 핵심 원칙이다.

두 얼굴의 계엄_경비계엄과 비상계엄

계엄의 두 가지 얼굴

계엄은 국가적 위기 상황에서 질서를 유지하고 안보를 지키기 위해 발동되는 특별 조치다. 대한민국 헌법과 계엄법에 따라 계엄은 경비계엄과 비상계엄으로 구분된다. 이러한 구분은 비상 상황에 적합한 대응을 가능하게 하고, 계엄의 정당성과 효과를 극대화하는 데 기여한다. 경비계엄은 질서를 유지하기 위한 최소한의 조치이고 비상계엄은 국가 존립이 위태로운 상황에서 발동되는 강력한 대응 수단이다.

경비계엄_질서를 지키는 안전망

경비계엄은 내란, 폭동, 대규모 소요 사태 등 공공질서가 교란된 상황에서 발동된다. 이는 군이 경찰력을 지원하거나 보조하는 역할을 하며, 사회 혼란을 최소화하기 위한 조치다.

경비계엄하에서는 국민의 기본권이 일부 제한될 수 있지만, 그 제한은 최소화된다. 언론, 집회, 결사의 자유는 가능한 보장되며, 군은 민간 정부와 협력해 질서 유지에 집중한다. 보수 우파는 경비계엄이 공공질서를 회복하고 사회적 안정을 유지하는 데 중요한 역할을 한다고 본다. 이는 국가 안보와 국민의 안전을 지키기 위한 합법적이고 신중한 대응 방식이다.

비상계엄_국가 존립을 위한 최후의 수단

비상계엄은 경비계엄보다 강력한 조치로, 전쟁, 외침, 국가 전역에 걸친 대규모 혼란과 같은 극단적 위기 상황에서 발동된다. 비상계엄이 선포되면 군은 행정과 사법권을 포함한 광범위한 권한을 갖게 되며, 국가적 차원에서 강력한 통제가 이루어진다.

비상계엄은 언론, 집회, 이동의 자유 등 국민의 기본권을 제한할 수 있으며, 이는 위기 상황에서 공공질서와 국가 안보를 최우선으로 보호하기 위함이다. 보수 우파는 비상계엄이 혼란 속에서 국가의 존립과 자유민주주의 체제를 지키는 데 반드시 필요한 조치라고 본다. 이러한 강력한 대응은 단기적으로는 자유를 제한할 수 있지만, 장기적으로는 국민의 생명과 자유를 보호하기 위한 필수적인 수단이다.

경비계엄과 비상계엄의 차이점

경비계엄과 비상계엄의 가장 큰 차이점은 발동 조건과 권한의 범위다. 경비계엄은 공공질서 교란 수준의 사태에서, 비상계엄은 국가 존립이 위협받는 극단적 상황에서 발동된다. 경비계엄은 제한적이며, 민간 정부와의 협력이 중심이다.

반면, 비상계엄은 행정과 사법권을 포함한 군의 강력한 통제를 특징으로 한다. 경비계엄은 기본권 제한이 최소화되지만, 비상계엄은 위기 극복을 위해 광범위한 제한이 이루어질 수 있다.

계엄의 남용을 방지하기 위한 법적 견제

경비계엄과 비상계엄은 모두 헌법과 법률에 의해 엄격히 규정된다. 계엄령이 선포되면 즉시 국회에 보고해야 하며 국회는 계엄령의 해제나 지속 여부를 심의할 권한을 가진다. 이는 계엄의 남용을 방지하고, 민주적 통제를 보장하기 위한 장치다. 이 같은 법적 견제는 곧 계엄령의 정당성을 강화한다. 계엄은 정권 유지가 아닌 국가와 국민을 보호하기 위한 수단이며, 이를 위해 법과 절차를 준수하는 것이 필수이다.

국가를 지키는 두 얼굴

경비계엄과 비상계엄은 위기 상황에서 국가를 지키는 두 가지 얼굴을 가지고 있다. 보수 우파는 이 두 가지 조치가 각각의 상황에 맞게 적절히 활용될 때, 자유민주주의 체제를 보호하고 국민의 생명과 재산을 지킬 수 있다고 본다. 그러나 계엄령의 발동은 항상 신중해야 하며, 법적 근거와 민주적 절차를 준수함으로써 정당성을 확보해야 한다. 계엄은 자유를 억압하기 위한 수단이 아니라, 자유를 보호하기 위한 최후의 안전장치로 자리 잡아야 한다.

비상계엄, 어디까지가 정당한가?

민주주의를 위한 필요악인가?

비상계엄은 민주주의 체제를 지키기 위해 위기 상황에서 발동되는 비상조치다. 국가 안보와 공공질서를 보호하기 위한 합법적인 도구로 헌법에 규정되어 있지만, 국민의 기본권을 제한할 수 있다는 점에서 논란의 대상이 되곤 한다. 어찌 보면, 계엄령은 국가와 민주주의를 수호하기 위해 불가피하게 사용되는 필요악이다. 그렇기에 그 정당성과 전후효과는 상황에 따라 냉철히 판단해야 한다.

비상계엄은 민주주의를 유지하기 위한 최후의 안전장치다. 민주주의는 자유와 권리를 보장하지만, 동시에 공공질서와 국가 안보라는 틀 안에서만 작동할 수 있다. 그러나 내란, 외침, 폭동과 같은 위기 상황에서는 민주적 절차가 오히려 국가와 국민을 보호하는 데 한계를 드러낼 수 있다.

1950년 한국전쟁 당시 발동된 비상계엄은 국가의 존립을 위협하는 상황에서 질서를 유지하고 공공기관과 국민의 생존을 보호하기 위해 필수적이었다. 이처럼 비상계엄은 민주주의가 작동하기 어려운 극단적 위기 상황에서 체제의 붕괴를 막는 중요한 도구로 기능한다.

비상계엄은 헌법적 근거에 따라 발동되며 국회의 통제를 받는다. 무제한적으로 사용되는 것을 방지하고 민주적 절차 안에서 정당성을 유지하도록 설계된 것이다. 1979년 10·26 사건 이후 발동된 전국 비상계엄 역시 정국의 혼란을 통제하고 정치적 안정성을 회복하기 위한 조치였다. 계엄령이 없었다면 권력 공백과 정치적 혼란은 더 심각한 사태로 이어졌을 가능성이 크다. 이는 계엄이 단순히 독재적 권력 행사가 아니라, 국가 안정을 위한 도구로도 사용될 수 있음을 보여준다.

비상계엄이 민주주의를 위한 필요악인지 묻는다면, 결국 그것이 어떻게 사용되고 관리되었는지에 따라 답이 달라질 것이다. 올바르게 사용된 비상계엄은 체제와 국민을 보호하고 민주주의를 지속하게 만드는 도구가 될 수 있다. 비상계엄은 자유를 억압하기 위한 수단이 아니라, 오히려 민주주의를 위협하는 대상으로부터 국민의 생명과 재산을 지키기 위한 임시적이고 제한적인 조치로 이해해야 한다.

공공선과 개인의 자유

현대사회에서 공공선과 개인의 자유는 종종 충돌하는 가치로 여겨진다. 공공선은 사회 전체의 이익과 안전을 의미하며, 이를 보장하기 위해 때로는 개인의 자유가 제한되어야 한다는 논리가 등장한다. 이러한 제한은 도덕적·철학적 정당성을 기반으로 정당화될 수 있지만, 그 범위와 한계에 대한 논의는 끊임없이 이어지고 있다. 공공선의 개념과 개인의 자유가 어떻게 상호작용하며, 어느 지점에서 균형을 이루어야 하는가?

공공선의 개념과 중요성

공공선은 사회 전체의 이익과 복지를 지칭하며, 개인의 선호를 초월하는 공동체적 가치를 중심으로 한다. 아리스토텔레스는 이를 "공동체의 완전한 삶"이라는 이상으로 표현하며, 개인의 행복은 공동체의 안정과 질서 속에서만 실현될 수 있음을 강조했다. 이런 맥락에서 공공선은 국가나 정부의 정당성을 구성하는 핵심 요소로 자리 잡는다.

사회적 혼란이나 위기 상황에서 공공선의 중요성은 더욱 부각된다. 예를 들어, 전염병이나 전쟁과 같은 비상사태에서는 공공선을 위해 개인의 행동이 규제되고, 사회적 안정과 생존이 우선시되어야 한다는 논리가 등장한다. 홉스는 이러한 상황에서 개인이 주권자에게 자유를 양도함으로써 공공선을 보장받는다고 보았다.

개인의 자유와 그 한계

개인의 자유는 근대 철학의 핵심 주제로, 개인이 자신의 삶을 스스로 결정할 수 있는 권리를 뜻한다. 존 스튜어트 밀은 『자유론』에서 "개인의 자유는 타인의 자유를 침해하지 않는 한 최대한 보장되어야 한다"고 주장했다. 이러한 관점은 개인의 권리가 사회적 압력이나 국가의 간섭으로부터 보호받아야 한다는 점을 강조한다.

그러나 개인의 자유는 절대적이지 않다. 공공선이 위태로워질 때, 개인의 자유는 제한될 수 있다. 예컨대, 대규모 전염병 상황에서 이동의 자유를 제한하거나 백신 접종을 의무화하는 조치는 공공선을 위해 개인의 자유를 희생하는 사례다. 이는 개인의 권리와 사회적 안정 간의 충돌에서 비롯되며, 도덕적 · 철학적 정당성의 근본 문제와 맞닿아 있다.

공공선과 개인 자유의 균형

공공선을 위해 개인의 자유를 제한하는 조치가 정당화되려면 몇 가지 철학적 기준이 충족되어야 한다.

목적의 정당성

공공선이라는 목표가 실제로 사회 전체의 복지와 안전에 기여해야 한다. 단순히 권력 유지나 특정 집단의 이익을 위한 조치라면 정당성을 가질 수 없다.

최소 침해의 원칙

개인의 자유를 제한하는 조치는 필요한 범위 내에서 최소화되어야 한다. 전염병 상황에서 이동 금지를 전면적으로 시행하기보다, 위험 지역에 한정된 제한 조치를 선택하는 방식이다.

투명성과 동의

제한 조치는 국민이나 공동체 구성원에게 명확히 설명되고, 가능한 한 동의를 얻어야 한다. 루소가 말한 "일반의지" 개념처럼, 공공선은 국민의 의지와 합치되어야 한다.

일시성과 복원성

제한은 비상 상황 종료 후 즉시 해제되어야 하며, 정상적인 자유가 복원되어야 한다. 공공선이라는 이름으로 개인 자유가 영구히 훼손되는 것을 방지하는 것이 핵심이다.

공공선과 개인 자유의 균형을 찾으려는 노력은 현대 사회에서 더욱 중요한 문제가 되고 있다. 전 세계를 강타한 코로나19 팬데믹은 공공선의 중요성을 재확인시켜줬지만, 동시에 개인 자유를 둘러싼 논란도 촉발했다. 이 두 가치의 관계는 고정된 공식이 아니라, 사회적 맥락과 윤리적 기준에 따라 재조정될 필요가 있다.

헌법 해석을 적용한 논의

비상계엄과 관련된 헌법적 논의는 주로 비상계엄 선포의 정당성과 인권 제한의 필요성을 중심으로 전개된다. 특히, 비상계엄이 헌법에 규정된 인권 보장과 법치주의의 원칙에 어떻게 부합하는지, 그리고 그 정당성에 대한 논의가 핵심이다. 비상계엄의 헌법적 논의는 크게 세 가지 측면에서 살펴볼 수 있다.

비상계엄 선포의 헌법적 근거

비상계엄은 헌법 제76조에 근거하여 선포된다. 헌법 제76조는 대통령에게 국가의 안전을 위협하는 비상사태가 발생했을 때 비상계엄을 선포할 수 있는 권한을 부여한다. 여기서 중요한 점은 비상계엄이 헌법적 규정에 따른 법적 절차로 이루어져야 한다는 데 있다.

헌법 제76조

"대통령은 전시, 사변 또는 이에 준하는 국가의 안전 보장에 중대한 위협이 있을 때, 국민의 생명과 재산을 보호하기 위해 비상계엄을 선포할 수 있다."

이 조항은 국가의 안전을 보장하는 데 필수적인 긴급 조치를 허용하지만, 비상계엄이 선포될 때 그 범위와 내용은 헌법에 의해 제한되어야 한다는 점이 중요하다. 즉, 대통령의 비상계엄 선포 권한이 헌법적 제한을 받으며, 이 권한이 남용될 경우 민주적 원칙에 반할 수 있기 때문에 법적 기준과 절차가 충족되어야 한다는 논의가 필요하다.

인권 제한의 정당성

비상계엄 선포 후에는 기본적인 시민의 자유와 권리가 일시적으로 제한될 수 있다. 예컨대, 집회의 자유와 표현의 자유, 이동의 자유 등이 제약될 수 있다. 인권 제한의 정당성 여부는 헌법에서 보장하는 인권의 핵심을 침해하지 않도록 해야 한다는 원칙에 기초해야 한다.

헌법 제37조

"모든 국민은 법률에 의하여 자유와 권리가 제한될 수 있다. 그러나 국민의 자유와 권리는 본질적인 내용을 침해할 수 없다."

비상계엄이 선포될 때 인권 제한이 헌법 제37조에 명시된 한도 내에서 이루어져야 한다는 것이 중요하다. 필요 최소한의 범위 내에서만 인권을 제한할 수 있다는 뜻이다. 이를테면, 비상계엄이 선포된 상황에서 군의 통제나 검열은 사회적 안정을 유지하기 위한 최소한의 조치로 허용될 수 있지만 인권의 본질적인 내용을 침해하는 방식으로 시행되면 이는 헌법에 위배될 수 있다. 이때 인권의 본질적인 내용을 침해한다는 것은 제한이 너무 과도하거나 영구적인 영향을 미치는 경우를 두고 하는 말이다.

따라서 비상계엄 중에 시행되는 법적 조치는 반드시 비례성 원칙과 최소 침해 원칙을 따라야 하며, 지나치게 광범위하거나 불필요한 제한을 가할 경우 헌법적 정당성을 잃을 수 있는 것이다.

비상계엄과 민주주의, 법치주의의 관계

비상계엄은 긴급한 상황에서 국가의 안전을 보장하는 목적을 가지고 있지만, 그 선포와 실행 과정에서 민주주의와 법치주의에 미치는 영향은 매우 중요하다. 특히, 비상계엄을 통해 군사적 통제와 권력 집중이 이루어질 수 있기 때문에 민주적 통제와 법적 견제가 제대로 이루어지지 않으면 독재적 권력이 형성될 위험이 존재한다.

법치주의

비상계엄하에서도 법에 따라 절차적 정당성을 갖추고 실행되어야 하며 권력의 남용을 방지하는 체계가 마련되어야 한다. 이는 국민의 기본권을 보호하는 법적 장치와 함께 비상계엄이 행해져야 한다는 뜻이다.

민주주의의 원칙

비상계엄이 시행될 때, 국회와 같은 민주적 기관의 통제를 받도록 하는 장치가 필요하다. 예를 들어, 비상계엄 선포 후 일정 기간 내에 국회에 보고하고, 국회가 이를 심의할 수 있는 기회를 제공하는 방식으로 정치적 민주성을 확보해야 한다.

비상계엄이 민주주의와 법치주의의 원칙에 부합하려면 비상계엄의 한정된 기간과 최소한의 조치를 지키는 것이 중요하며, 이를 벗어나는 권력 집중이나 독재적 경향은 헌법적 정당성을 담보할 수 없게 된다.

Chapter 05

비상계엄의 경제적 여파

The Economic Repercussions

시장 경제에 미치는 영향

시장 활동의 중단

비상계엄이 발효되면 상점, 기업, 금융 기관 등 경제 전반의 정상적인 운영이 제한되거나 완전히 중단된다. 상업 활동의 정지는 비상계엄의 가장 직접적인 영향 중 하나로, 통행 금지와 이동 제한이 소비자와 상인의 거래를 줄인다. 특히 소매업과 서비스업에 직접적인 타격을 주어 지역 경제의 활력을 급격히 저하시킬 것이다.

금융 시장 역시 혼란에 빠질 가능성이 높다. 증권 거래소의 운영이 멈추거나 거래가 엄격히 통제될 경우, 투자자들의 신뢰가 급격히 무너지며 주식 시장과 외환 시장에서 극심한 변동성이 발생한다. 이러한 금융 시장의 혼란은 경제 전반에 불안감을 조성, 추가적인 자본 유출을 초래할 수 있다.

더불어, 시민들의 소비 활동 또한 크게 위축될 것이다. 불확실한 경제 상황과 강제적인 이동 제한으로 소비자들의 구매력이 감소하면서 내수 시장이 침체된다. 결과적으로 시장 활동의 중단은 단기적으로는 경제 생산성을 약화시키고, 장기적으로는 경제 회복의 기반을 약화시키는 주요 요인으로 작용할 공산이 크다.

공급망 및 무역에 대한 영향

비상계엄 상황에서 가장 큰 타격을 받는 분야 중 하나는 공급망과 무역이다. 국내 공급망이 붕괴되면 물류와 운송이 통제되거나 차단되면서 주요 자원의 공급이 끊겨, 생산 활동과 소비에 연쇄적인 영향을 준다. 이를테면, 농산물과 의약품, 연료와 같은 필수 자원의 유통이 제한되면 물가 상승과 자원 부족 사태가 발생할 수 있다. 즉, 가계와 기업 모두에 심각한 경제적 부담을 가중시킨다는 것이다.

국제 무역도 정체를 겪는다. 항구와 공항의 운영이 중단되고 수출입 허가 절차가 지연되면서 무역 활동이 멈추거나 심각한 제약을 받게 된다. 제조업 같이 수출 의존도가 높은 산업에 특히 큰 영향을 주는데, 외국 거래 파트너와의 계약이 취소되거나 지연되면서 신뢰도가 떨어지는 결과를 초래할 수 있다.

비상계엄 하에서는 국가 안보를 이유로 무역 제한이 강화될 가능성도 생긴다. 계엄령에 의한 교역 제한은 글로벌 공급망에도 부정적인 영향을 주어 국가 간 경제 관계를 약화시킬 수 있다. 공급망과 무역의 혼란은 국가 경제의 기초적인 기능을 약화시키고 기업과 가계의 경제적 부담을 심화시켜 위기 극복을 더욱 어렵게 만들 것이다.

단기적 경제 안정화 조치

비상계엄 상황에서 정부는 즉각적인 경제 혼란을 최소화하기 위해 단기적인 안정화 조치를 취할 수밖에 없다. 이러한 조치 중 하나는 시장에 대한 직접적인 개입이다. 예를 들어, 생필품 가격을 통제하거나 보조금을 지급하는 방식으로 물가 상승을 억제하고 시민들의 기본적인 생활을 보장하려 한다. 이는 혼란 속에서도 최소한의 경제적 질서를 유지하려는 의도에서 비롯된 것이다.

정부 개입

비상계엄 하에서는 필수 자원의 관리와 분배를 중앙집권적으로 통제할 필요가 있다. 정부는 식량, 연료, 의료 물품과 같은 주요 자원을 우선적으로 배분하며, 필요한 지역과 분야에 이를 효율적으로 공급하기 위해 나선다. 하지만 이러한 중앙집권적 조치는 때로 자원의 분배 불균형을 초래하거나 비효율적인 결과를 낳을 수 있다. 결국 정부 개입은 필연적으로 혼란을 완화하기 위한 것이지만, 지나친 개입은 시장의 자율성을 약화시킬 위험이 있다.

자원 배분 전략

정부가 자원을 어떻게 분배하느냐가 경제적 안정화의 핵심이 된다. 특히 식량, 연료, 의약품과 같은 필수품은 한정된 자원을 가장 효율적으로 사용할 수 있도록 철저한 계획 아래 배분되어야 한다. 이런 전략은 초기 혼란을 줄이는 데 효과적일 수 있으나, 시간이 지남에 따라 자원의 부족이나 편향된 배분으로 불만을 야기할 가능성도 있다. 따라서 자원 배분 과정에서의 투명성과 형평성이 중요하게 요구된다.

장기적 경제적 결과

단기적인 조치를 통해 혼란을 억제하더라도, 비상계엄은 장기적으로 경제에 깊은 흔적을 남긴다. 무엇보다도 투자자

신뢰가 크게 흔들릴 가능성이 크다. 정치적 불안정성이 지속되면 국내외 투자자들은 자본을 철수하거나 새로운 투자를 주저하게 된다. 따라서 경제 회복을 지연시키고, 실업률 상승과 성장 둔화를 초래할 수 있다.

또한, 비상계엄은 구조적 경제 변화를 동반하게 마련이다. 정부는 군사적 지출과 보안 유지에 예산을 집중해야 하기 때문에 인프라나 사회복지 프로그램 같은 장기적 개발 프로젝트는 축소될 수밖에 없다. 이러한 구조적 변화는 경제 전반의 생산성을 낮추고, 회복의 기반을 약화시키는 결과를 초래한다. 결국 비상계엄의 장기적인 경제적 영향은 즉각적인 혼란을 넘어, 미래의 경제적 지속 가능성에도 심각한 도전을 제기한다.

투자자 신뢰 및 시장 회복

비상계엄이 선포되면 가장 먼저 타격받는 것 중 하나가 투자자 신뢰다. 정치적 불확실성과 사회적 혼란은 국내외 투자자들로 하여금 자본을 철수하거나 신규 투자를 망설이게 만든다. 이는 자본 시장의 유동성을 줄이고 기업 활동을 위축시키며 장기적으로 경제 성장의 동력을 약화시키는 결과를 낳는다.

시장 회복은 이러한 신뢰를 회복하는 데 달려 있다. 정부가 투명하고 안정적인 경제정책을 신속히 제시하지 않는다면 투자자들은 경제 회복 가능성에 대한 의문을 제기할 수밖에 없다. 국제적 협력과 신뢰 회복을 위한 외교적 노력이 함께 이루어져야 시장이 다시 정상화될 수 있다. 하지만 신뢰를 회복하는 과정은 상당한 시간이 걸릴 수 있으며, 이는 비상계엄이 경제 전반에 남긴 상처의 깊이를 보여준다.

구조적 경제 조정

비상계엄은 국가 경제 구조에 근본적인 변화를 요구하기도 한다. 정부는 제한된 자원을 관리하고 혼란을 통제하기 위해, 군사 및 보안 지출에 집중하게 된다. 그 결과, 사회복지, 교육, 인프라 개발 등 장기적인 경제 성장을 위한 투자 분야가 축소될 가능성이 크다.

이러한 구조적 변화는 경제의 생산성과 효율성을 저하시킬 수 있다. 예컨대, 중요한 산업이나 기술 개발 프로젝트가 중단되거나 지연될 수 있는데, 이는 글로벌 경쟁력에도 부정적인 영향을 줄 것이다. 또한, 비상계엄이 종료된 후에도 이러한 조정은 지속적으로 경제의 균형을 무너뜨리고, 회복 속도를 느리게 만들 수 있다.

결국, 구조적 경제 조정은 단기적으로는 혼란을 완화하고 안정을 도모하는 데 기여할 수 있지만, 장기적으로는 경제 발전의 방향성과 지속 가능성에 심각한 난관을 야기할 수 있으며, 이를 해결하기 위해서는 비상계엄 이후 철저한 재평가와 균형 잡힌 재정 운용이 필요할 것이다.

Chapter 06

비상계엄이 남긴 흔적들

The Legacy

자유를 잃은 시민들_기본권 제한의 이면

헌법과 계엄법에 따라 어느 정도는 정당화될 수 있으나 집행 과정에서 과도한 조치로 국민의 기본권이 침해되는 사례가 발생하기도 했다. 체제 유지를 위한 불가피한 선택으로 이해하지만 이에 대해 철저한 평가와 반성이 필요하다는 점은 좌우 관계 없이 공감하는 바이다.

계엄령 하에서는 언론, 집회, 출판의 자유가 제한되면서 국민의 표현과 의사소통의 권리가 침해되었다. 비상계엄 기간 계엄사령부는 언론 보도를 사전에 검열하며, 특정 정보가 외부에 공개되는 것을 차단했다. 예컨대, 1980년 광주민주화운동 당시, 언론은 계엄사령부의 지시에 따라 광주의 상황을 축소하거나 왜곡 보도해야 했다. 이는 국민의 알 권리를 침해하며, 정확한 정보를 얻지 못하게 만든 사례로 꼽힌다.

계엄령하에서는 정치적 집회와 결사가 금지되었고 이를 어긴 이들은 체포되거나 강제 해산되었다. 예를 들어, 1979년 부마항쟁 당시, 시위에 참여한 학생들과 시민들은 경찰과 군에 의해 체포되었고 일부는 과도한 폭력을 겪기도 했다.

군과 경찰의 물리적 압박은 국민의 신체적 자유를 제한하고, 과도한 폭력 사용으로 이어지기도 했다. 계엄령 기간 동안, 비상계엄을 어긴 혐의로 시민들이 체포되어 장기간 구금되는 사례도 있었다. 특히, 계엄사령부의 명령에 따라 법적 근거 없이 체포된 사례들은 민주주의의 원칙과 거리가 멀었다.

1980년 광주민주화운동 당시, 계엄군은 시위를 진압하는 과정에서 과도한 물리력을 사용했으며 이는 수많은 사상자로 이어지고 말았다. 군의 강경 대응은 당시 상황을 조기에 진정시키는 데 기여했을 수 있지만, 동시에 많은 민간인의 희생을 낳아 오늘날까지 논란의 대상이 되고 있다.

경제 활동과 일상생활의 제약 또한 국민 기본권 침해 사례로 나타났다. 계엄령 기간 동안 특정 지역에서 이동 금지 명령이 내려지거나 통행이 통제되었다. 이는 광주와 같은 특정 계엄 지역에서 특히 두드러졌는데, 국민의 일상적인 경제 활동과 사회적 연결망이 차단되면서 지역 경제는 큰 타격을 입었다.

계엄령으로 장기간 상점이 문을 닫거나 대중교통이 중단돼, 자영업자와 노동자들에게 심각한 경제적 어려움을 초래하기도 했다.

또한 비상계엄 집행 과정에서 일부 권력 남용 사례가 발생하기도 했다. 계엄사령부와 군 지휘관들이 법적 테두리를 넘어 권한을 행사한 경우 국민의 기본권 침해로 이어졌다. 일부 사건에서는 계엄 기간 동안 발생한 피해에 대한 책임 소재가 명확히 규명되지 않아, 국민적 불신을 초래했다.

침묵을 강요당한 언론, 뒤바뀌는 여론

비상계엄하에서 언론은 정부와 계엄사령부의 통제를 받으며 국민에게 정보를 전달하는 본연의 기능을 제한받는데, 언론 통제는 공공질서를 유지하고 불필요한 혼란을 막기 위해 시행되지만 때로는 국민의 알 권리를 침해하거나 왜곡된 정보가 퍼지면서 여론이 조작되거나 뒤바뀌는 결과를 초래했다. 대한민국 현대사에는 이러한 사례가 적지 않다.

1980년 5·18 광주민주화운동과 언론 통제

1980년 5·18 광주민주화운동은 언론 통제가 국민 여론에 얼마나 큰 영향을 미치는지를 보여준 대표적인 사례다. 광주에서 계엄군과 시민들 간의 충돌이 격화되는 동안, 계엄사령부는 언론 보도를 철저히 검열했다. 언론사들은 광주의 실상을 보도할 수 없었고, 계엄사령부의 지시에 따라 사건을 왜곡하거나 축소 보도했다.

광주의 상황은 "일부 폭도들의 소요 사태"로 규정되었고, 시민들의 항의는 북한 간첩이나 공산주의자들의 선동으로 몰렸다. 반면, 군의 과잉 진압과 민간인 희생에 대한 정보는 철저히 차단되었다. 이러한 통제 속에서 국민은 광주에서 실제로 어떤 일이 벌어졌는지 알지 못했다. 결과적으로, 일부 국민은 광주의 시민들이 폭력적 시위를 벌였다는 왜곡된 정보를 접하며 사건의 본질을 오해하게 되었다.

이후 해외 언론과 탈북자들의 증언 등을 통해 진상이 알려지면서, 국민 여론은 급격히 반전되었다. 광주민주화운동은 자유와 민주주의를 위한 시민들의 희생으로 재평가되었고, 언론 통제가 여론 조작과 국가적 갈등을 초래했다는 비판을 받았다.

5·18 당시 북한군 개입설의 배경

5·18 광주민주화운동과 관련하여 북한군 개입설은 일부 보수 인사들과 단체들이 주장한 논란의 중심에 있는 이론이다. 이 주장은 광주민주화운동이 단순한 민주화운동이 아니라 북한의 계획적 개입으로 촉발된 내란 행위라는 주장을 담고 있다. 그러나 이에 대한 구체적이고 신뢰할 만한 증거는 나오지 않았으며 학계와 법적 판결에서 대부분 배척되어왔다. 이 주장은 특정 정치적 맥락과 이념적 대립 속에서 제기되었다.

북한군 개입설의 비화와 주장

1. 출처와 주요 주장

북한군 개입설은 1990년대 이후 일부 보수 정치인과 단체들에 의해 적극적으로 제기되었다. 특히, 전두환 정권 당시 국가안전보장회의NSC와 계엄사령부가 초기 진압 과정에서 광주민주화운동을 “북한의 사주를 받은 폭도들의 폭동”으로 묘사한 정부 발표가 이 이론의 뿌리로 지목된다. 이후 2010년대에 들어서 특정 보수 성향의 언론, 유튜브 채널, 일부 단체에서 “북한 특수부대 600명 침투설” 같은 구체적인 이야기를 만들어내며 주장을 확산시켰다.

2. 주요 논리

광주민주화운동의 격렬한 저항과 시민군의 조직적 행동을 북한의 사주와 군사적 지원이 있었다는 논리로 해석했고, 광주 시위 참가자들 중 일부가 군사 훈련을 받은 것으로 보이는 행동을 보였다는 점을 북한군 개입의 증거로 제시했다.

3. 검증된 반박

대한민국 정부와 국방부, 학계는 북한군 개입설을 뒷받침할 만한 증거가 없다고 명확히 밝혔다. 북한군이 광주에 대규모로 침투했다는 주장에 대해 시간적·물리적 가능성과 구체적 증거가 결여되어 있음이 반복적으로 확인되었다. 국회와 법원의 조사에서도 북한군 개입설은 근거 없는 음모론으로 결론지어졌다.

보수와 진보의 입장 차이

5·18과 북한군 개입설에 대한 보수와 진보의 입장은 다음과 같이 갈린다.

1. 보수의 입장

일부 극우 보수 세력은 5·18 광주민주화운동을 민주화운동이 아닌 내란 행위로 규정하고, 북한의 개입을 통해 정당성을 훼손하려는 시도를 해왔다. 이들은 북한군 개입설을 통해 5·18이 단순한 민주화 요구가 아니라, 체제 전복 시도였다는 서사를 만들려 했다. 전두환 정권의 광주 진압을 정당화하고, 당시 계엄군의 강경 대응을 안보 차원에서 방어하려는 의도도 포함되었다.

내부 분열

보수 전체가 북한군 개입설을 지지하는 것은 아니다. 합리적 보수는 이러한 음모론이 보수 진영의 신뢰도를 저해할 수 있다고 우려하며, 북한군 개입설을 거부한다. 이들은 광주민주화운동을 한국 민주화의 중요한 과정으로 인정하면서도, 일부 폭력 사태와 당시 정치적 혼란을 비판적으로 바라본다.

2. 진보의 입장

5·18의 민주화운동적 성격 강조

진보 세력은 5·18을 한국 민주주의 역사에서 가장 중요한 전환점으로 간주하며, 북한군 개입설을 민주화운동의 명예를 훼손하려는 음모로 본다. 진보 진영은 북한군 개입설이 역사적 사실을 왜곡하고, 희생자와 피해자 가족의 명예를 훼손한다고 비판한다. 민주화운동 유공자 예우와 5·18 정신 계승을 강조하며, 북한군 개입설을 완전히 부정한다.

법적 대응과 역사 기록

진보 진영은 북한군 개입설을 적극적으로 반박하며, 이를 주장한 이들에 대해 법적 대응을 해왔다. 명예훼손과 허위사실 유포 혐의로 고소·고발을 진행한 사례도 다수 존재한다. 5·18 진상규명 조사위원회와 학계 연구를 통해 5·18의 역사적 사실을 체계적으로 정리하고 있다.

1979년 부마항쟁과 언론의 침묵

박정희 대통령 시절 발생한 부마항쟁(부산·마산 민주항쟁)은 언론이 계엄사령부의 명령에 따라 시위의 실상을 제대로 보도하지 못한 또 다른 사례다.

1979년 10월, 박정희 정부는 부마항쟁이 발생하자 부산과 마산 지역에 경비계엄을 선포하고, 언론 보도에 엄격한 제한을 가했다. 시위의 규모와 내용은 최소화되어 보도되었으며, 정부는 이를 단순한 지역적 불만 표현으로 축소하려 했다.

계엄사령부는 "공산주의 세력의 선동"으로 시위를 몰아가며 시위대의 정당성을 부정했다. 언론이 통제되자 국민 대다수는 부마항쟁의 배경과 목적에 대해 알 도리가 없었다. 하지만 박정희 대통령의 피살 이후 진상이 점차 드러나면서, 여론은 박정희 정권의 억압적 통치에 대한 비판으로 방향을 틀었다.

이 사건은 언론 통제가 단기적으로 정부의 목표를 달성할 수는 있지만, 장기적으로는 국민적 불신을 초래할 수 있음을 보여주었다.

자유 언론의 부재와 여론 조작의 위험성

비상계엄 상황에서 언론 통제는 국민의 알 권리를 심각하게 제한하며 특정한 메시지를 전달하려는 정부의 의도를 반영한다. 예컨대, 박정희 정부는 유신헌법을 선포한 후 언론을 강력히 통제하며 비판적 논조의 보도를 금지했다. 이로 인해 유신체제를 지지하는 일방적인 메시지가 전달되었고 국민은 체제의 정당성을 비판적으로 평가할 기회를 잃었다.

통제된 언론은 정부의 단기적인 정책 목표를 지지하는 여론을 형성할 수 있지만, 정보의 왜곡이 드러날 경우 장기적으로는 국민적 불신과 체제의 정당성 훼손으로 이어질 위험이 크다.

여론 반전과 역사적 교훈

언론 통제로 인해 국민 여론이 조작되거나 왜곡된 사례들은 시간이 지나면서 사실이 밝혀졌고 결과적으로 체제에 대한 신뢰를 훼손하는 결과를 낳았다. 광주의 실상이 국내외로 알려지면서, 계엄사령부의 강경 대응과 언론 통제는 민주화운동을 탄압한 폭력적인 행위로 평가되었다. 반면, 박정희 정권의 억압적 통치와 언론 검열은 이후 민주화운동의 정당성을 부각시키는 계기가 되었다.

언론 통제는 위기 상황에서 일시적으로 필요할 수 있지만, 정보의 왜곡과 국민 신뢰 훼손을 초래하지 않도록 신중히 이루어져야 한다. 계엄 상황에서도 언론은 국민의 알 권리를 충족시키고, 정부 정책의 정당성을 투명하게 전달하는 데 기여해야 한다.

부마항쟁에 대하여

좌파의 시각

1979년 10월, 부산과 마산에서 발생한 대규모 시위는 유신체제에 반발하는 민주화 운동의 중요한 전환점이 되었다. 박정희 대통령이 1972년 유신헌법을 통해 종신 집권을 가능하게 하는 독재 체제를 구축하면서, 국민의 기본권은 심각히 제한되었고, 언론 검열과 정치적 억압이 강화되었다. 경제 성장의 성과가 일부 계층에만 집중되면서 빈부 격차가 확대되고, 높은 물가 상승과 실질 임금 정체로 서민들의 경제적 불만이 고조되었다. 이러한 사회적 갈등은 민주화 요구와 결합되며, 반유신 시위가 폭발할 준비를 갖추고 있었다.

부산에서는 10월 16일, 부산대학교 학생들이 유신철폐를 외치며 시위를 시작했다. 학생들의 시위는 곧 시민과 노동자들에게로 확산되어, 부산 시내는 대규모 집회와 행진으로 혼란에 빠졌다. 경찰과 시위대 간의 충돌이 격화되었고, 시위는 다음 날까지 이어지며 규모가 더욱 커졌다. 마산에서는 10월 18일부터 유신 반대 시위가 시작되어 더욱 격렬한 형태로 전개되었다. 시위대는 공공기관을 점거하거나 공격했고, 경찰과 계엄군이 투입되어 무력으로 시위를 진압했다. 이 과정에서 수많은 시민이 체포되고 부상당했으며, 폭력적인 진압과 인권 침해가 이어졌다.

정부는 이러한 상황에 대응하기 위해 10월 18일 부산과 마산 지역에 계엄령을 선포하고 군부대를 동원했다. 계엄령 하에서는 모든 집회와 시위가 금지되었고, 시위 가담자들에 대한 대규모 체포와 진압이 이루어졌다. 군과 경찰의 강경 대응은 혼란을 통제하려는 의도였지만, 오히려 시민들의 분노를 더욱 자극하며 반발을 불러일으켰다. 시위는 물리적으로 진압되었지만, 유신체제에 대한 국민적 반발은 전국적으로 확산되는 결과를 낳았다.

부마항쟁은 유신체제와 박정희 정권의 붕괴를 촉발한 중요한 사건이었다. 박정희 대통령은 부마항쟁 이후 정권 유지에 대한 불안을 느꼈으며, 더 강력한 통치 방안을 모색하던 중 10월 26일 김재규 중앙정보부장에 의해 암살되었다. 이는 유신체제의 종말을 알리는 계기가 되었고, 한국 민주주의 운동의 새로운 장을 여는 데 큰 영향을 미쳤다.

부마항쟁은 이후 1980년대 민주화운동의 밑바탕이 되었으며, 광주민주화운동과 1987년 6월 항쟁으로 이어지는 중요한 계기가 되었다. 학생, 노동자, 시민들이 함께 참여하며 민주주의를 요구했던 이 사건은 한국 민주주의 역사에서 중요한 전환점으로 평가된다. 오늘날 부마항쟁은 국가기념일로 지정되어, 매년 부산과 창원에서 기념행사가 열리며 민주주의와 인권의 가치를 되새기는 계기로 자리 잡고 있다.

우파의 시각

부마항쟁에 대해 유신체제와 박정희 정권의 맥락 속에서 복합적으로 평가한다. 부마항쟁이 민주주의 요구를 담은 중요한 사건이라는 점을 일부 인정하면서도, 그 과정에서 발생한 사회적 혼란과 국가적 위기에 대한 우려를 강조한다. 당시 유신체제가 경제발전과 국가 안보를 위한 필수적인 선택이었다고 보는 시각은 부마항쟁을 민주화 요구와 더불어 정치적 선동과 폭력적 행위가 결합된 사건으로 이해한다.

보수적인 견해는 유신체제 하에서 국민의 기본권이 제한된 점을 인정하지만, 이를 당시 국제 정세와 국가적 위기 상황에서 불가피한 선택으로 본다. 박정희 정권이 오일쇼크 등 외부 경제적 충격과 북한의 군사적 위협 속에서 국가를 안정적으로 이끌어가는 데 집중했다는 점을 강조하며 이러한 체제에 대한 갑작스러운 항쟁이 국가 안정을 해칠 위험성을 경고한다. 부마항쟁 당시 시위가 단순한 평화적 요구를 넘어 공공기관 점거와 방화 등 폭력적 양상을 띠었다는 점을 들어 이러한 움직임이 국가 질서에 심각한 위협을 가했다고 평가한다.

계엄령 선포와 군부대 투입도 당시 상황에서는 불가피한 조치였다. 부산과 마산 지역에서 시위가 확산되며 질서가 무너질 위험에 처했던 만큼, 계엄령은 혼란을 통제하고 공공질서를 유지하기 위한 필연적인 선택이었다는 입장이다. 다만, 이 과정에서 발생한 강경 진압과 인권 침해에 대해서는 일부 반성적인 태도를 보이며 정부의 대응이 보다 신중하게 이루어졌어야 한다고 지적하기도 한다.

박정희 정권의 몰락에 부마항쟁이 중요한 계기가 된 것을 두고 혹자는 유신체제가 국민의 요구를 수용하지 못한 점을 반성하며, 정치적 유연성과 국민과의 소통이 부족했던 것을 한계로 본다. 그러나 동시에 박정희 정권의 붕괴가 이후 한국 사회의 정치적 불안정을 초래했다고 판단하며, 부마항쟁이 국가적 혼란을 가중시킨 사건으로 평가하기도 한다.

AIRBORNE

Chapter 07

계엄령 이후, 다시 일어서다

Rising Again

계엄 해제와 일상으로의 복귀

계엄령의 종료는 단순히 통제의 해제를 넘어, 국가와 국민이 일상으로 복귀하고 상처를 치유하며 새로운 출발을 준비하는 중요한 과정이다. 계엄 해제와 복귀는 국가의 체제와 질서를 복구하는 동시에 국민 통합과 발전을 위한 새로운 도약을 준비하는 계기로 봄직하다.

계엄령 해제는 국가의 위기가 극복되었다는 공식적 선언이다. 해제는 대통령의 결정에 따라 이루어지고 국회와 계엄사령부의 의견이 반영된다. 계엄이 해제되면 즉시 계엄사령부가 해체되고 민간 정부의 행정과 사법 권한이 정상적으로 복원된다. 아울러 군사적 통제도 종료되고, 경찰이 치안을 다시 맡으며 지역사회의 일상 활동이 회복된다.

계엄령 해제는 국민의 기본권을 즉각 회복시키는 과정이기도 하다. 언론, 출판, 집회, 결사의 자유가 다시 보장되고, 군사적 검열이나 이동 제한 같은 조치가 철회된다. 민주주의 체제가 본연의 모습으로 돌아가는 중요한 단계인 셈이다.

계엄령 종료 이후, 정부는 사회적 상처를 치유하고 국민 통합을 이루는 데 집중해야 한다. 계엄 기간 동안 억압받았던 사람들과 불합리한 조치로 피해를 입은 이들에 대한 배려가 필요하다. 정부는 계엄령 집행 과정에서 발생한 인권 침해나 과도한 폭력 사례에 대해 투명하게 조사하고, 필요시 책임을 물어야 한다. 단순히 법적 책임을 묻는 것을 넘어, 국민의 신뢰를 회복하고 민주주의에 대한 신념을 강화하는 데 기여할 것이다.

경제와 사회의 정상화 또한 중요한 과제다. 계엄령이 발동된 상황에서는 경제 활동이 위축되거나 일시적으로 중단될 수밖에 없다. 따라서 계엄 해제 이후에는 경제 회복과 성장 동력을 다시 가동하는 것이 필수적이다. 정부는 국민이 안정적으로 일상으로 돌아갈 수 있도록 사회 전반에 걸쳐 정책적 지원을 제공한다. 특히, 계엄령으로 인해 타격을 받은 지역사회의 경제와 일자리를 복원하는 데 주력해야 마땅하다.

또한 정치적 안정도 중요한 과제다. 계엄령으로 발생한 정치적 갈등과 반목은 민주적 절차를 통해 해소되어야 한다. 정치 지도자들은 계엄 기간 동안의 논란을 넘어서 국민의 화합과 공공선을 위한 협력을 모색해야 한다. 국민 통합과 체제 안정의 핵심이 바로 이것이다.

계엄 해제는 국가와 국민이 위기를 극복하고 다시 일어서기 위한 첫걸음이다. 계엄령은 종료된 이후의 과정이 국가의 질서를 회복하고, 사회적 통합과 경제적 번영을 이루는 기회가 되어야 한다고 본다. 계엄령 해제는 단순한 통제의 종료가 아니라, 새로운 출발을 알리는 순간이며 이를 통해 국가와 국민은 위기를 딛고 더 강한 공동체로 발전할 수 있다. 안정과 번영의 기반을 마련하는 계엄 이후의 복귀는 국가의 지속 가능성과 국민의 신뢰를 재확립하는 중요한 과정이다.

책임은 어디까지 추궁해야 할까?

비상계엄은 국가적 위기 상황에서 공공질서와 안보를 지키기 위해 발동되는 특별조치지만, 집행 과정에서 불가피하게 발생하는 피해나 문제들에 대한 책임은 불가분의 문제로 남는다.

우선, 비상계엄을 발동하고 집행한 주요 결정권자와 실행자에 대한 책임은 명확히 추궁되어야 한다. 계엄령의 발동 이유와 과정, 그리고 결과가 헌법과 법률에 따라 정당했는지를 검토하기 위한 첫 단계다.

대통령, 계엄사령관, 군과 경찰의 고위급 지휘관들은 자신들의 조치가 국가 안보와 공공질서를 유지하기 위한 것이었음을 증명해야 한다. 특히, 계엄령 집행 과정에서 과도한 폭력이나 기본권 침해가 있었다면 이는 반드시 조사와 평가의 대상이 되어야 한다. 이러한 절차는 계엄령의 남용을 방지하고, 장기적으로 계엄 제도의 신뢰를 유지하는 데 기여한다.

그러나 책임 추궁은 합리적이고 객관적인 기준을 기반으로 이루어져야 한다. 당시의 혼란과 위협 속에서 결정권자들은 신속하고 강력한 조치를 취할 수밖에 없는 경우가 많다. 따라서 책임 추궁은 단순히 결과에 대한 비난으로 끝나서는 안 되며, 당시의 상황과 맥락을 이해하고 이를 기반으로 판단해야 한다. 예컨대, 군사적 진압 과정에서 발생한 불가피한 충돌은 고의적 인권 침해나 과도한 권력 남용과는 구별되어야 한다.

책임 추궁의 범위는 조직 전체로 확대되지 않도록 주의해야 한다. 특정 지휘관의 과도한 명령이 문제를 야기했다면 책임은 해당 개인에게 물어야지, 군대나 경찰 전체를 비난하는 것으로 이어져서는 안 될 것이다. 이는 조직의 사기를 저하시키고, 장기적으로 국가 안보와 공공질서 유지에 부정적인 영향을 미칠 수 있다.

책임 추궁은 계엄령 이후 사회적 통합과 국민 신뢰 회복을 위한 수단으로 작용해야 한다. 과도한 책임 추궁은 정당한 계엄령 집행 과정마저 부정적으로 인식하게 만들며, 국가적 분열을 초래할 수 있다. 따라서 책임은 법적 근거와 절차에 따라 투명하게 이루어져야 하며, 감정적이거나 정치적인 동기로 악용되지 않도록 해야 한다. 보수 우파는 이 과정에서 법치주의와 공정성을 유지하는 것이 무엇보다 중요하다고 본다.

비상계엄 집행 과정에서의 책임은 신중하고 합리적인 방식으로 추궁해야 한다. 책임소재를 추궁하는 것은 계엄령의 정당성을 검토하고 불가피한 과오와 고의적인 남용을 구분하며, 국민의 신뢰를 회복하는 데 중점을 두어야 한다.

Chapter 08

21세기의 비상계엄
새로운 위협과 논쟁

New Threats and Debates

지금도 계엄이 필요할까?

21세기의 세계는 테러, 사이버 공격, 자연재해 등 복잡하고 새로운 위협에 직면하고 있다. 전통적인 군사적 위협뿐 아니라 기술적, 환경적 위협이 국가 안보와 공공질서를 위협하며 기존의 비상계엄 체계로 대응하기에 한계가 드러나고 있다. 우리는 이러한 위협 속에서 국가의 존립과 국민의 생명을 지키기 위해 비상계엄의 필요성을 재검토하고 이를 대체하거나 보완할 수 있는 실용적인 방안을 모색해야 한다.

지금도 비상계엄이 필요할까?

비상계엄은 단순히 과거 군사적 위기 상황에서만 필요한 도구가 아니다. 오늘날과 같은 불확실성과 복잡성이 가중된 시대에서, 국가의 질서와 안보를 유지하는 최후의 안전장치로 여전히 필요하다.

비상계엄은 단순히 정권의 도구가 아니라, 국가 존립과 주권을 보호하기 위한 필수적 조치이다. 극단적인 위협 상황에서 법치와 행정 시스템이 정상적으로 작동하지 않을 때, 비상계엄은 공공질서를 회복하고 체제를 유지하기 위한 합법적 수단으로 작용할 수 있다.

테러나 대규모 자연재해, 사이버 공격 같은 현대적 위협은 기존의 민주적 절차만으로는 신속하게 대처하기가 어렵다. 국가의 대응력이 부족하면 국민의 생명과 자유가 심각하게 위협받을 수 있다. 물론 비상계엄은 남용되어서는 안 되지만, 극단적인 상황에서 사용될 수 있는 합법적 도구로 항상 준비되어 있어야 한다.

테러, 사이버 공격, 자연재해 속 계엄령의 가능성

21세기의 새로운 위협은 전통적인 군사적 비상사태와는 다른 양상을 띠고 있으며, 이에 따른 비상계엄 적용의 가능성도 논의되어야 한다.

대규모 테러 공격은 공공질서를 파괴하고 사회적 혼란을 초래할 수 있다. 특히, 2015년 프랑스 파리 테러 이후 비상사태가 장기적으로 이어진 사례는 현대 테러 상황에서 비상계엄이 여전히 유효한 수단임을 보여준다. 테러의 속성상 신속한 정보 차단과 범죄 조직의 해체가 필요하며, 계엄령은 이를 효과적으로 지원할 수 있다. 그러나 테러 상황에서 계엄령의 적용은 목표가 명확해야 하며, 국민의 기본권을 최소한으로 제한해야 한다.

사이버 공격은 현대 국가의 기반 시설, 금융 시스템, 정보 네트워크를 위협하고 있다. 따라서 당국은 계엄령하에서 국가의 사이버 보안 권한을 강화하고, 신속한 대응 체계를 구축할 필요가 있다. 사이버 공격은 물리적 병력 투입 대신 정보 통제와 데이터 보호를 중심으로 대응해야 하며, 이를 위한 법적 근거로 비상계엄이 활용될 수 있다.

팬데믹, 대규모 지진, 허리케인 등과 같은 자연재해 또한 기존 행정 시스템이 마비될 위험을 동반한다. 이때 계엄령은 혼란을 최소화하고, 정부가 신속히 자원을 동원해 피해를 줄이는 데 중요한 역할을 할 수 있다. 예컨대, 코로나19 팬데믹 초기의 이동 제한 조치는 비상계엄적 성격을 띠었다. 이를 효과적으로 시행할 수 있는 법적 기반이 필요한 실정이다.

더 나은 방법은 없을까?

비상계엄은 여전히 국가적 위기를 해결하는 중요한 도구이지만, 현대사회에 적합한 방식으로 진화해야 한다고 본다.

비상계엄은 강력한 권한을 동반하지만, 국회와 사법부의 견제 아래에서 시행되어야 한다. 비상계엄 발동 이후, 국회의 지속적인 모니터링과 투명성을 보장하는 체계가 필요하다는 것이다. 비상계엄이 종료된 후 발생한 권한 남용 사례를 두고는 철저한 조사와 책임 추궁이 뒤따라야 할 것이다.

정보화 사회에서는 사이버 공격과 같은 위협에 대해 더 정교한 대응이 필요하다. 빅데이터와 인공지능을 활용해 위기 상황을 사전에 예측하고, 비상계엄 발동 전부터 대비할 수 있는 체계를 구축해야 한다. 즉, 군사적 개입보다는 기술적 대응을 강화하여 최소한의 자유 제한으로 위협을 관리하는 방식이 요구된다는 것이다.

현대적 비상사태는 국가와 민간 부문 간의 협력이 필수다. 비상계엄도 민간 전문가와의 협력을 통해 보다 효과적이고 현실적인 대응 방안을 마련해야 한다. 민간 부문의 자원을 계엄 체제 내에서 효율적으로 활용하는 체계를 설계해야 한다.

모든 위기가 동일한 방식으로 대응될 수는 없다. 테러, 사이버 공격, 자연재해는 각각의 특성에 맞는 비상계엄 적용 방식이 필요하며, 이러한 맞춤형 접근은 불필요한 권한 남용을 방지하고 효율성을 극대화할 수 있다.

Chapter 09

왜 지금 비상계엄을 논의해야 하는가?

Why Discuss Emergency Martial Law Now?

현대사회가 직면한 복합적 위기

21세기의 세계는 테러, 사이버 공격, 팬데믹, 자연재해 등 전통적 군사적 위협뿐 아니라 기술적, 환경적 위협이 국가 안보와 공공질서를 위협하고 있다. 이러한 위기들은 국가와 국민의 생존을 심각하게 위협할 수 있는 상황으로, 이를 대비하기 위한 법적·제도적 장치로서 비상계엄의 필요성을 다시금 논의해야 한다고 본다.

비상계엄은 국가 존립을 지키는 마지막 보루

비상계엄은 단순히 정부의 권한을 강화하기 위한 수단이 아니라, 국가 존립과 국민의 생명을 지키기 위한 최후의 안전장치다. 민주주의와 법치주의를 기반으로 하는 대한민국은 안정된 사회적 질서 위에서만 그 가치를 실현할 수 있다. 극단적인 위기 상황에서 질서가 붕괴되면, 국가의 핵심 체제가 무너지고 국민의 자유와 안전이 심각하게 훼손될 수 있다. 비상계엄은 그러한 상황을 막기 위한 최후의 도구로써 필요하다.

과거의 교훈_준비되지 않은 비상사태의 대가

역사는 국가가 위기에 효과적으로 대비하지 못했을 때, 어떤 치명적인 결과를 초래했는지 보여준다. 1950년 한국전쟁 당시, 비상계엄은 혼란 속에서 국가를 지키는 중요한 역할을 했다. 그러나 1980년 광주민주화운동 당시의 비상계엄 남용은 국민적 저항과 민주주의 후퇴를 초래했다. 이러한 사례들은 비상계엄이 적시에, 올바르게 사용될 때만 정당성을 가질 수 있다는 점을 분명히 한다. 과거의 교훈은 현대적 위기 상황에 대비하기 위해 비상계엄에 대한 재검토와 준비가 필요함을 강조한다.

새로운 위협에 대비한 법적 준비의 필요성

현대적 위협들은 기존의 비상계엄 체계로는 충분히 대응하기 어려운 양상을 띠고 있다. 테러는 치안과 국가 안보를 동시에 위협하며, 사이버 공격은 경제와 인프라를 마비시키고, 팬데믹은 국가적 자원을 소진시킨다. 보수 우파는 이러한 위협에 대해 강력하고 신속한 대응 체계가 필요하다고 본다.

비상계엄은 그러한 체계의 중요한 축으로, 새로운 위협에 맞게 재구성되고 현대화되어야 한다.

자유민주주의 체제를 보호하기 위한 논의

비상계엄은 민주주의를 억압하는 도구가 아니라, 민주주의를 보호하는 도구로 이해되어야 한다. 위기 상황에서 민주적 절차만으로는 대응이 늦어질 수 있으며, 이는 자유민주주의 체제 전체를 위협할 수 있다. 보수 우파는 비상계엄이 단기적으로는 일부 자유를 제한할 수 있지만, 장기적으로는 자유를 지키기 위한 필수적 수단이라는 점을 강조한다. 따라서 비상계엄에 대한 논의는 단순히 권한의 문제가 아니라, 자유민주주의를 지속적으로 유지하기 위한 국가적 책무로 봐야 한다.

국민 신뢰와 투명성을 위한 계엄 논의

비상계엄은 발동 자체로 논란이 될 수 있다. 그러나 이러한 논란을 해소하고 국민적 신뢰를 확보하기 위해서는 비상계엄의 필요성과 실행 조건에 대해 투명하게 논의해야 한다. 보수 우파는 계엄 발동의 명확한 요건과 제한적 사용을 보장함으로써, 비상계엄이 남용되지 않도록 해야 한다고 주장한다. 이는 국민의 신뢰를 강화하고, 비상계엄이 정당한 도구로 인식되도록 만드는 데 중요하다.

지금 논의하지 않으면, 위기에 대응할 수 없다

현대사회가 직면한 복합적인 위기 속에서 비상계엄은 선택이 아닌 필수적 준비다. 우익은 비상계엄이 국가 안보와 자유민주주의를 보호하기 위한 마지막 안전장치라는 점을 강조한다. 지금 비상계엄에 대한 논의는 미래의 위기에 대비하기 위한 책임 있는 행동이며, 국민과 국가를 위한 최선의 준비다. 위기는 언제든 찾아올 수 있다. 대비하지 않는다면, 자유와 질서를 동시에 잃게 될 위험을 감수해야 한다. 따라서 지금 비상계엄을 논의해야 한다.

AIRBORNE

Chapter 10

비상계엄의 미래

The Future of Emergency Martial Law

역사가 주는 깨달음

비상계엄은 국가적 위기 상황에서 공공질서와 안보를 지키기 위한 도구로 설계되었지만, 역사는 그것이 정권의 생존 수단으로 남용된 사례를 반복적으로 보여주었다. 한국 현대사에서 계엄령은 내란 진압(1948년 여수 · 순천 사건), 전쟁 대응(1950년 한국전쟁), 정치적 위기관리(1961년 5·16 군사정변, 1972년 유신체제), 그리고 민주화 요구 억압(1980년 광주민주화운동) 등 다양한 맥락에서 발동되었다.

이러한 역사를 통해 우리는 비상계엄이 단순히 위기 해결의 도구가 아니라, 그 실행 방식과 목적에 따라 국가와 사회에 유해한 결과를 초래할 수 있음을 배웠다. 특히, 1980년 광주 사태 당시 비상계엄은 군사적 폭력으로 수많은 희생자를 낳았다.

아울러 역사는 비상계엄이 지속적인 국민 저항과 국제적 비판을 불러일으킨다는 점을 입증하기도 했다. 한국의 민주화 과정에서 계엄령에 대한 대중적 반발은 1987년 6월 민주항쟁으로 이어졌고, 이는 헌법 개정을 통해 계엄권 제한과 민주적 절차 강화를 이끌어냈다. 이러한 사례는 비상계엄의 목적과 실행이 정당성을 유지하지 않을 경우, 사회적 신뢰와 체제가 붕괴될 수 있다는 점을 경고한다.

여순반란사건

여순반란 사건의 배경과 전모

여순반란 사건은 1948년 10월 19일, 전라남도 여수에서 국군 내 일부 병력이 제주 4·3 사건 진압 명령에 반발하며 일으킨 군사적 반란 사건이다. 이는 대한민국 건국 초기의 정치적 혼란과 남북 분단 과정에서 발생한 사건으로, 당시 정부에 큰 충격을 주었고 한국 현대사에서 중요한 전환점으로 기록되었다.

정치적·사회적 혼란

분단과 좌우 대립

1945년 해방 이후, 한반도는 이념적 갈등 속에서 남북으로 분단되었다. 남한에서는 이승만 정부가 반공주의를 기치로 삼아 국가 체제를 수립하려 했고, 공산주의 세력은 이를 강력히 반대하며 혼란이 커졌다.

제주 4·3 사건

1948년 4월, 제주도에서 공산주의 계열 좌익 세력과 주민들이 정부에 반발하여 무장 봉기를 일으켰다. 정부는 이를 강경 진압하기 위해 국군과 경찰을 동원했고, 이 과정에서 민간인 학살과 인권 침해가 발생하며 갈등이 격화되었다.

반란 명령의 발단

제주 4·3 사건이 장기화되자, 정부는 여수에 주둔하던 국군 제14연대에게 제주 진압 출동 명령을 내렸다. 그러나 제14연대 일부 병사들은 이를 "동족 학살"로 규정하며 명령을 거부하고 반란을 일으켰다.

군 내부의 불안정

친일 잔재와 이념 갈등

해방 후 국군은 친일파와 좌익, 우익 성향의 인물이 혼재되어 있어 내부 갈등이 심했다. 제14연대에는 좌익 성향의 병사들이 다수 포함되어 있었고, 이들이 반란의 중심에 섰다.

사건의 전개

반란의 시작(1948년 10월 19일)

제14연대의 병사 일부가 여수에서 봉기하여 무기고를 장악하고, 반정부 활동을 시작했다. 이들은 순천으로 이동해 지역 경찰서와 행정기관을 공격하며 세력을 확장했다.

반란군의 목표

반란군은 "미군 철수"와 "조선인민공화국 지지"를 외치며 남한 정부에 반기를 들었다. 이들은 지역 주민들 중 일부의 지지를 받았으나, 강제 동원된 주민도 다수 있었다.

정부의 대응

이승만 정부는 반란 진압을 위해 국군과 경찰을 대규모로 투입했다. 10월 27일, 여수와 순천 지역에서 반란군은 진압되었고, 주요 가담자들이 체포되거나 처형되었다.

피해와 여파

정부군의 강경 진압 과정에서 반란 가담자뿐만 아니라 지역 주민들까지 희생되었다. 여수와 순천 지역에서는 민간인 학살, 가옥 파괴 등 심각한 피해가 발생했다. 반란 이후에도 "좌익 협력자"로 낙인찍힌 주민들이 지속적인 감시와 차별을 받았다.

사건의 결과와 영향

정부의 입지 강화

이승만 정부는 반란 진압을 통해 반공 체제를 더욱 공고히 다졌다. 1948년 12월, 국가보안법이 제정되면서 좌익 세력에 대한 강력한 통제가 시작되었다.

좌익 세력의 약화

여순반란 사건과 정부의 강경 대응으로 남한 내 좌익 세력은 큰 타격을 입었다. 이는 남로당 등 공산주의 조직의 활동을 약화시키는 계기가 되었다.

지역적 고통과 상처

여수와 순천 지역 주민들은 반란 진압 과정에서 심각한 피해를 입었고, 이후 '반란 지역'이라는 낙인이 찍혀 지속적인 차별을 겪었다. 사건의 진상은 오랜 기간 왜곡되거나 은폐되었으며, 피해자들에 대한 공식적인 명예 회복과 배상은 21세기에 들어서야 본격적으로 논의되었다.

여순사건의 역사적 의의

여순반란 사건은 남북 분단과 이념 갈등이 남한 내부에서 얼마나 치열했는지를 보여주는 사례다. 좌익과 우익 간의 대립은 단순한 정치적 갈등을 넘어 군사적 충돌로까지 번졌다. 반공주의 체제 강화여순사건을 계기로 이승만 정부는 반공주의를 중심으로 국가 정체성을 강화했다. 반란 진압 과정에서 민간인 희생이 큰 탓에 국가의 권력이 시민의 기본권을 침해했다는 분위기를 조성했다.

이 사건은 단순히 국군 내 일부 병력의 반란이 아니라, 해방 후 남한의 정치적 혼란과 분단 과정에서 빚어진 이념적 갈등의 산물이었다. 이는 한국 현대사에서 남북 분단과 반공주의 체제 구축의 중요한 전환점이 되었으며, 그 과정에서 발생한 민간인 희생과 지역적 상처는 오늘날까지도 논의되고 있다. 여순사건은 대한민국의 건국 초기 민주주의와 인권의 과제를 되돌아보게 하는 역사적 사례로 남아 있다.

부록

Further Study

연대기로 보는 흐름

1948년 여수·순천 사건

계엄 선포 지역 전라남도 여수·순천 일대

배경 여수에서 군인들이 제주 4·3 사건 진압 명령을 거부하며 반란 발생

내용 이승만 정부가 반란 진압을 위해 최초로 계엄령을 선포. 계엄군이 반란군 진압 및 지역 통제

의미 대한민국 역사상 첫 계엄령 사례로, 계엄이 내란 진압의 수단으로 사용됨

1950년 한국전쟁 발발

계엄 선포 지역 전국

배경 북한의 남침으로 한국전쟁 발발

내용 이승만 대통령이 전쟁 초기 계엄령을 선포. 전국적으로 군사 통제 강화, 언론 검열 및 이동 제한 시행

의미 전쟁 상황에서 계엄령이 공공질서 유지와 군사적 동원에 핵심 역할

1960년 4·19 혁명

계엄 선포 지역 서울

배경 이승만 정권의 부정선거와 독재에 반발한 대규모 학생 시위

내용 정권 유지를 위해 계엄령 선포. 시위 진압을 위해 군이 투입되었으나 시민 저항으로 실패

의미 계엄령이 민주화 요구를 억압하는 도구로 사용된 사례

1961년 5·16 군사정변

계엄 선포 지역 전국

배경 박정희 소장이 이끄는 군사 세력이 쿠데타를 일으켜 정권을 주도

내용 정권 전복 후 계엄령 선포

모든 정치 활동 금지, 군사적 통치 체제로 전환

의미 계엄이 군사정권 수립의 수단으로 사용됨

1972년 유신체제 도입

계엄 선포 지역 전국

배경 박정희 대통령의 장기 플랜을 위해 유신헌법을 제정

내용 전국에 계엄령 선포 후 국회를 해산. 유신헌법을 국민투표로 강행하며 대통령 권력 강화

의미 계엄령이 체제 구축의 핵심 수단으로 사용된 대표적 사례

1979년 10·26 사태

계엄 선포 지역 전국

배경 박정희 대통령이 김재규 중앙정보부장에 의해 암살

내용 최규하 대통령이 정권 공백 속에서 전국 계엄령 선포. 계엄군이 사회질서 유지와 정권 안정화를 위한 역할 수행

의미 정치적 혼란 속에서 계엄령이 유지되며 군의 영향력이 증대

1980년 5·18 광주민주화운동

계엄 선포 지역 전국 확대

배경 신군부가 정권 장악을 위해 계엄령을 전국으로 확대

내용 광주 지역에서 민주화 시위를 진압하기 위해 계엄군 투입. 민간인 학살 및 대규모 인권 침해 발생

의미 계엄령으로 인한 민주화운동의 촉발을 보여주는 사례. 이후 민주주의 운동의 중요한 도화선이 됨

1987년 6월 민주항쟁

계엄령은 발동되지 않았으나, 군부는 비상계엄 선포를 검토함. 시민 저항과 국제적 압박으로 인해 군사적 개입이 이루어지지 않음

의미 계엄령이 한국 사회에서 점차 불신의 상징이 됨

계엄 이후의 흐름

1980년대 이후로 계엄령은 발동되지 않았으며 헌법과 법률을 통한 민주적 통제가 강화되었다. 2016년 박근혜 탄핵 정국에서는 계엄령 발동 가능성이 논의되었으나 실행되지 않았고, 2024년 현재는 윤석열 대통령의 긴급 담화문을 통한 계엄령 선포로, 그간 풍문으로만 돌던 계엄의 의미에 대한 사회적 공론화가 예상된다.

계엄령은 한국 현대사의 주요 위기 상황에서 사용된 강력한 도구로 공공질서를 유지하거나 정권 안정을 위해 활용되었다. 그러나 민주화 이후 계엄령은 국민의 자유와 민주주의를 위협하는 도구라는 인상이 깊이 각인되어 있다.

법적 자료

대한민국 헌법 제77조(계엄령)

① 대통령은 전시·사변 또는 이에 준하는 국가비상사태에 있어서 병력으로써 군사상의 필요에 응하거나 공공의 안녕질서를 유지할 필요가 있을 때에는 법률이 정하는 바에 의하여 계엄을 선포할 수 있다.

② 계엄은 비상계엄과 경비계엄으로 한다.

③ 비상계엄이 선포된 때에는 법률이 정하는 바에 의하여 영장제도, 언론·출판·집회·결사의 자유, 정부나 법원의 권한에 관하여 특별한 조치를 할 수 있다.

④ 계엄을 선포한 때에는 대통령은 지체없이 국회에 통고하여야 한다.

⑤ 국회가 재적의원 과반수의 찬성으로 계엄의 해제를 요구한 때에는 대통령은 이를 해제하여야 한다.

계엄법(법제처)

[시행 2017. 7. 26.] [법률 제14839호, 2017. 7. 26., 타법개정]

제1조(목적) 이 법은 계엄(戒嚴)의 선포와 그 시행 및 해제 등에 필요한 사항을 정함을 목적으로 한다. [전문개정 2011. 6. 9.]

제2조(계엄의 종류와 선포 등)

① 계엄은 비상계엄과 경비계엄으로 구분한다.

② 비상계엄은 대통령이 전시·사변 또는 이에 준하는 국가비상사태 시 적과 교전(交戰) 상태에 있거나 사회질서가 극도로 교란(攪亂)되어 행정 및 사법(司法) 기능의 수행이 현저히 곤란한 경우에 군사상 필요에 따르거나 공공의 안녕질서를 유지하기 위하여 선포한다.

③ 경비계엄은 대통령이 전시·사변 또는 이에 준하는 국가비상사태 시 사회질서가 교란되어 일반 행정기관만으로는 치안을 확보할 수 없는 경우에 공공의 안녕질서를 유지하기 위하여 선포한다.

④ 대통령은 계엄의 종류, 시행지역 또는 계엄사령관을 변경할 수 있다.

⑤ 대통령이 계엄을 선포하거나 변경하고자 할 때에는 국무회의의 심의를 거쳐야 한다.

⑥ 국방부장관 또는 행정안전부장관은 제2항 또는 제3항에 해당하는 사유가 발생한 경우에는 국무총리를 거쳐 대통령에게 계엄의 선포를 건의할 수 있다.

〈개정 2013. 3. 23., 2014. 11. 19., 2017. 7. 26.〉 [전문개정 2011. 6. 9.]

제3조(계엄 선포의 공고)

대통령이 계엄을 선포할 때에는 그 이유, 종류, 시행일시, 시행지역 및 계엄사령관을 공고하여야 한다. [전문개정 2011. 6. 9.]

제4조(계엄 선포의 통고)

① 대통령이 계엄을 선포하였을 때에는 지체 없이 국회에 통고(通告)하여야 한다.

② 제1항의 경우에 국회가 폐회 중일 때에는 대통령은 지체 없이 국회에 집회(集會)를 요구하여야 한다. [전문개정 2011. 6. 9.]

제5조(계엄사령관의 임명 및 계엄사령부의 설치 등)

① 계엄사령관은 현역 장성급(將星級) 장교 중에서 국방부장관이 추천한 사람을 국무회의의 심의를 거쳐 대통령이 임명한다. [개정 2017. 3. 21.]

② 계엄사령관의 계엄업무를 시행하기 위하여 계엄사령부를 둔다. 이 경우 계엄사령관은 계엄사령부의 장이 된다.

③ 계엄사령관은 계엄지역이 2개 이상의 도(특별시, 광역시 및 특별자치도를 포함한다)에 걸치는 경우에는 그 직무를 보조할 지구계엄사령부(地區戒嚴司令部)와 지구계엄사령부의 직무를 보조하는 지역계엄사령부를 둘 수 있다.

④ 계엄사령부의 직제는 대통령령으로 정한다. [전문개정 2011. 6. 9.]

제6조(계엄사령관에 대한 지휘 · 감독)

① 계엄사령관은 계엄의 시행에 관하여 국방부장관의 지휘·감독을 받는다. 다만, 전국을 계엄지역으로 하는 경우와 대통령이 직접 지휘·감독을 할 필요가 있는 경우에는 대통령의 지휘·감독을 받는다.

② 제1항에 따라 계엄사령관을 지휘·감독할 때 국가 정책에 관계되는 사항은 국무회의의 심의를 거쳐야 한다. [전문개정 2011. 6. 9.]

제7조(계엄사령관의 관장사항)

① 비상계엄의 선포와 동시에 계엄사령관은 계엄지역의 모든 행정사무와 사법사무를 관장한다.

② 경비계엄의 선포와 동시에 계엄사령관은 계엄지역의 군사에 관한 행정사무와 사법사무를 관장한다. [전문개정 2011. 6. 9.]

제8조(계엄사령관의 지휘 · 감독)

① 계엄지역의 행정기관(정보 및 보안 업무를 관장하는 기관을 포함한다. 이하 같다) 및 사법기관은 지체 없이 계엄사령관의 지휘·감독을 받아야 한다.

② 계엄사령관이 계엄지역의 행정기관 및 사법기관을 지휘·감독할 때 그 지역이 1개의 행정구역에 국한될 때에는 그 구역의 최고책임자를 통하여 하고, 2개 이상의 행정구역에 해당될 때에는 해당 구역의 최고책임자 또는 주무부처의 장(법원의 경우에는 법원행정처장)을 통하여 하여야 한다. [전문개정 2011. 6. 9.]

제9조(계엄사령관의 특별조치권)

① 비상계엄지역에서 계엄사령관은 군사상 필요할 때에는 체포·구금(拘禁)·압수·수색·거주·이전·언론·출판·집회·결사 또는 단체행동에 대하여 특별한 조치를 할 수 있다. 이 경우 계엄사령관은 그 조치내용 을 미리 공고하여야 한다.

② 비상계엄지역에서 계엄사령관은 법률에서 정하는 바에 따라 동원(動員) 또는 징발을 할 수 있으며, 필요한 경우에는 군수(軍需)로 제공할 물품의 조사·등록과 반출금지를 명할 수 있다.

③ 비상계엄지역에서 계엄사령관은 작전상 부득이한 경우에는 국민의 재산을 파괴 또는 소각(燒却)할 수 있다.

④ 계엄사령관이 제3항에 따라 국민의 재산을 파괴 또는 소각하려는 경우에는 미리 그 사유, 지역, 대상 등 필요한 사항을 그 재산의 소재지를 관할하는 행정기관과 그 재산의 소유자, 점유자 또는 관리자에게 통보하거나 공고하여야 한다. [전문개정 2011. 6. 9.]

제9조의2(재산의 파괴 또는 소각에 대한 보상)

① 제9조제3항에 따라 발생한 손실에 대하여는 정당한 보상을 하여야 한다. 다만, 그 손실이 교전 상태에서 발생한 경우에는 그러하지 아니하다.

② 국방부장관은 미리 보상청구의 기간 및 절차 등 보상청구에 필요한 사항을 10일 이상의 기간을 정하여 공고하여야 한다.

③ 국방부장관은 보상금 지급결정을 하였을 때에는 지체 없이 보상대상자에게 보상금 지급통지서를 송부하여야 한다.

④ 관할 행정기관의 장은 재산의 파괴 또는 소각으로 인한 손실액을 판단하는 데에 필요한 조사서, 확인서, 사진 등 증명자료를 기록·유지하여야 한다.

⑤ 이 법에서 규정한 사항 외에 보상금 지급 등에 필요한 사항은 대통령령으로 정한다. [전문개정 2011. 6. 9.]

제9조의3(보상기준 등)

① 제9조의2제1항에 따른 손실보상은 다른 법률에 특별한 규정이 있는 경우를 제외하고는 현금으로 지급하여야 한다.

② 손실액의 산정은 파괴 또는 소각으로 인하여 재산이 멸실될 당시의 과세표준을 기준으로 한다.

③ 제2항에 따른 과세표준은 대통령령으로 정한다.

[전문개정 2011. 6. 9.]

제9조의4(보상 제외)

파괴 또는 소각으로 인하여 멸실된 재산이 국유재산이거나 공유재산인 경우에는 제9조의2제1항에도 불구하고 보상을 하지 아니한다. [전문개정 2011. 6. 9.]

제9조의5(공탁)

국방부장관은 다음 각 호의 어느 하나에 해당하게 되어 보상대상자에게 보상금을 지급할 수 없을 때에는 해당 보상금을 보상대상자의 주소지를 관할하는 지방법원 또는 그 지원(支院)에 공탁(供託)하여야 한다.

1. 보상대상자가 보상금의 수령을 거부하는 경우

2. 대통령령으로 정하는 기간 이내에 제9조의2제3항에 따른 보상금 지급통지서에 응답하지 아니한 경우 [전문개정 2011. 6. 9.]

제9조의6(보상청구권의 소멸시효)

보상청구권은 제9조의2제2항에 따른 공고기간 만료일부터 5년간 행사하지 아니하면 시효의 완성으로 소멸한다. 다만, 공고 사실을 알지 못한 경우에는 그 사실을 안 날부터 계산한다.

[전문개정 2011. 6. 9.]

제10조(비상계엄하의 군사법원 재판권)

① 비상계엄지역에서 제14조 또는 다음 각 호의 어느 하나에 해당하는 죄를 범한 사람에 대한 재판은 군사법원이 한다. 다만, 계엄사령관은 필요한 경우에는 해당 관할법원이 재판하게 할 수 있다. [개정 2015. 1. 6.]

01. 내란(內亂)의 죄

02. 외환(外患)의 죄

03. 국교(國交)에 관한 죄

04. 공안(公安)을 해치는 죄

05. 폭발물에 관한 죄

06. 공무방해(公務妨害)에 관한 죄

07. 방화(放火)의 죄

08. 통화(通貨)에 관한 죄

09. 살인의 죄

10. 강도의 죄

11. 「국가보안법」에 규정된 죄

12. 「총포·도검·화약류 등의 안전관리에 관한 법률」에 규정된 죄

13. 군사상 필요에 의하여 제정한 법령에 규정된 죄

② 비상계엄지역에 법원이 없거나 해당 관할법원과의 교통이 차단된 경우에는 제1항에도 불구하고 모든 형사사건에 대한 재판은 군사법원이 한다. [전문개정 2011. 6. 9.]

제11조(계엄의 해제)

① 대통령은 제2조제2항 또는 제3항에 따른 계엄 상황이 평상상태로 회복되거나 국회가 계엄의 해제를 요구한 경우에는 지체 없이 계엄을 해제하고 이를 공고하여야 한다.

② 대통령이 제1항에 따라 계엄을 해제하려는 경우에는 국무회의의 심의를 거쳐야 한다.

③ 국방부장관 또는 행정안전부장관은 제2조제2항 또는 제3항에 따른 계엄 상황이 평상상태로 회복된 경우에는 국무총리를 거쳐 대통령에게 계엄의 해제를 건의할 수 있다. 〈개정 2013. 3. 23., 2014. 11. 19., 2017. 7. 26.〉 [전문개정 2011. 6. 9.]

제12조(행정·사법 사무의 평상화)

① 계엄이 해제된 날부터 모든 행정사무와 사법사무는 평상상태로 복귀한다.

② 비상계엄 시행 중 제10조에 따라 군사법원에 계속(係屬) 중인 재판사건의 관할은 비상계엄 해제와 동시에 일반법원에 속한다. 다만, 대통령이 필요하다고 인정할 때에는 군사법원의 재판권을 1개월의 범위에서 연기할 수 있다. [전문개정 2011. 6. 9.]

제13조(국회의원의 불체포특권)

계엄 시행 중 국회의원은 현행범인인 경우를 제외하고는 체포 또는 구금되지 아니한다. [전문개정 2011. 6. 9.]

제14조(벌칙)

① 거짓이나 그 밖의 부정한 방법으로 이 법에 따른 보상금을 받은 자 또는 그 사실을 알면서 보상금을 지급한 자는 5년 이하의 징역 또는 3천만원 이하의 벌금에 처한다. 다만, 해당 보상금의 3배의 금액이 3천만원을 초과할 때에는 그 초과 금액까지 벌금을 과(科)할 수 있다.

② 제8조제1항에 따른 계엄사령관의 지시나 제9조제1항 또는 제2항에 따른 계엄사령관의 조치에 따르지 아니하거나 이를 위반한 자는 3년 이하의 징역에 처한다.

③ 제1항에 규정된 죄의 미수범은 처벌한다.

④ 제1항의 징역형과 벌금형은 병과(倂科)할 수 있다. [전문개정 2011. 6. 9.]

부칙〈제14839호, 2017. 7. 26〉(정부조직법)

제1조(시행일)

① 이 법은 공포한 날로부터 시행한다.

제2조부터 제4조까지 생략

제5조(다른 법률의 개정) (1)부터 (41)까지 생략

(42) 계엄법 일부를 다음과 같이 개정한다.

제2조제6항 및 제11조제3항 중 "행정자치부장관"을 각각 "행정안전부장관"으로 한다.

(43)부터 (382)까지 생략

제6조 생략

윤석열 대통령의 긴급 대국민 특별 담화문

2024년 12월 03일 화요일

존경하는 국민 여러분, 저는 대통령으로서 피를 토하는 심정으로 국민 여러분께 호소드립니다. 지금까지 국회는 우리 정부 출범 이후 22건의 정부 관료 탄핵 소추를 발의하였으며, 지난 6월 22대 국회 출범 이후에도 10명째 탄핵을 추진 중에 있습니다. 이것은 세계 어느 나라에도 유례가 없을 뿐 아니라 우리나라 건국 이후에 전혀 유례가 없던 상황입니다.

판사를 겁박하고 다수의 검사를 탄핵하는 등 사법 업무를 마비시키고, 행안부 장관 탄핵, 방통위원장 탄핵, 감사원장 탄핵, 국방부 장관 탄핵 시도 등으로 행정부마저 마비시키고 있습니다.

국가 예산 처리도 국가 본질 기능과 마약범죄 단속, 민생 치안 유지를 위한 모든 주요 예산을 전액 삭감하여 국가 본질 기능을 훼손하고 대한민국을 마약 천국, 민생 치안 공황 상태로 만들었습니다.

민주당은 내년도 예산에서 재해대책 예비비 1조원, 아이돌봄 지원 수당 384억원, 청년 일자리, 심해 가스전 개발 사업 등 4조 1천억 원을 삭감하였습니다.

심지어 군 초급간부 봉급과 수당 인상, 당직 근무비 인상 등 군 간부 처우 개선비조차 제동을 걸었습니다. 이러한 예산 폭거는 한 마디로 대한민국 국가 재정을 농락하는 것입니다.

예산까지도 오로지 정쟁의 수단으로 이용하는 이러한 민주당의 입법 독재는 예산 탄핵까지도 서슴지 않았습니다. 국정은 마비되고 국민들의 한숨은 늘어나고 있습니다.

이는 자유대한민국의 헌정질서를 짓밟고, 헌법과 법에 의해 세워진 정당한 국가기관을 교란시키는 것으로써, 내란을 획책하는 명백한 반국가 행위입니다.

국민의 삶은 안중에도 없고 오로지 탄핵과 특검, 야당 대표의 방탄으로 국정이 마비 상태에 있습니다.

지금 우리 국회는 범죄자 집단의 소굴이 되었고, 입법 독재를 통해 국가의 사법·행정 시스템을 마비시키고, 자유민주주의 체제의 전복을 기도하고 있습니다.

자유민주주의의 기반이 되어야 할 국회가 자유민주주의 체제를 붕괴시키는 괴물이 된 것입니다. 지금 대한민국은 당장 무너져도 이상하지 않을 정도의 풍전등화의 운명에 처해 있습니다.

친애하는 국민 여러분, 저는 북한 공산 세력의 위협으로부터 자유대한민국을 수호하고 우리 국민의 자유와 행복을 약탈하고 있는 파렴치한 종북 반국가 세력들을 일거에 척결하고 자유 헌정질서를 지키기 위해 비상계엄을 선포합니다.

저는 이 비상계엄을 통해 망국의 나락으로 떨어지고 있는 자유대한민국을 재건하고 지켜낼 것입니다.

이를 위해 저는 지금까지 패악질을 일삼은 만국의 원흉 반국가 세력을 반드시 척결하겠습니다. 이는 체제 전복을 노리는 반국가세력의 준동으로부터 국민의 자유와 안전, 그리고 국가 지속 가능성을 보장하며, 미래 세대에게 제대로 된 나라를 물려주기 위한 불가피한 조치입니다.

저는 가능한 한 빠른 시간 내에 반국가 세력을 척결하고 국가를 정상화 시키겠습니다.

계엄 선포로 인해 자유대한민국 헌법 가치를 믿고 따라주신 선량한 국민들께 다소의 불편이 있겠습니다마는, 이러한 불편을 최소화하는 데 주력할 것입니다.

이와 같은 조치는 자유대한민국의 영속성을 위해 부득이한 것이며, 대한민국이 국제사회에서 책임과 기여를 다한다는 대외 정책 기조에는 아무런 변함이 없습니다.

대통령으로서 국민 여러분께 간곡히 호소드립니다. 저는 오로지 국민 여러분만 믿고 신명을 바쳐 자유 대한민국을 지켜낼 것입니다. 저를 믿어주십시오.

감사합니다.